세계의 리더들은
왜 ——————
직감을 단련하는가

1등 기업들의 특급 인재 트레이닝

세계의 리더들은 왜 ───── 직감을 단련하는가

야마구치 슈 지음

이정환 옮김

북클라우드

직감을 잃어버린 경영의 천재들

1

거대한 자기실현 욕구 시장의 등장

2

왜 최고의 엘리트가 범죄자가 되었나

3

예측 불가능한 세상을
이기는 힘

새로운 컴피턴시를
키워라

미의식을 경영에
도입하는 법

6

미래의 리더를 위한
최강의 미의식 수업

7

추천의 글

"비즈니스에서 논리와 이성은 타인과 '똑같은 정답'을 도출해내는 문제를 낳는다. 하지만 우수한 의사결정은 논리적으로 설명할 수 없을뿐더러 오히려 초논리적이다. 초논리는 결국 '직관의 수준'이 만든다."

이것이 경영의 최전선에 있는 책임자와 한국의 미래 세대에게 본 책이 추천되어야 하는 이유다. 이 책을 먼저 읽을 수 있어 크나큰 영광이었다.

오준식_베리준오 대표(서울로7017 브랜딩, 아모레퍼시픽·중앙일보 디자인 총괄)

흔히 '예술적'이라는 말은 그 분야에서 가장 뛰어난 성과를 거둔 대상에게 바치는 최고의 찬사로 쓰이고 있다. 그런 이유로 창조와 혁신가치를 추구하는 인재들이라면, 경영감각 및 업무능력을 예술적 차원으로 끌어올리는 비결과 실천 방안을 제시한 이 책을 꼭 읽어야 한다.

이명옥_사비나미술관 관장, 《그림 읽는 CEO》 저자

'로지컬 크리에이티브Logical Creative.' 내가 몸담고 있는 회사에서 오래 전부터 품어온 말이다. 감각에 의존하는 결과물을 내더라도 그것에 논리적 근거가 없다면 내 자신, 나아가 클라이언트를 설득할 수 없다. 디자인 한 분야에서만 통용되는 이야기가 아니다. 어느 위치에서 어떤 일을 하더라도 넓은 시각을 갖고 세상을 바라보는 것은 매우 중요한 일이다.

미국의 디자이너 폴 랜드Paul Rand는 "디자인은 말없이 당신의 브랜드를 대변한다Design is the silent ambassador of your brand"고 말했다. 그의 말처럼 누구나 한 번쯤은 '어떻게 하면 더 좋아 보일 수 있을까?'를 고민해봤을 것이다. 이 책은 우리가 왜 시각적 역량을 올려야 하는지에 대한 해답을 알려준다. 그리고 그것은 결코 디자인 분야에 한정된 것이 아니다. 미의식을 통해 모두가 인정하는 직관을 얻었을 때, 그것은 어떤 식으로든 당신에게 도움이 될 것이다.

차재국_토탈임팩트 부사장(현대카드 · SKT생각대로T · JTBC 브랜딩)

명문 미술 학교의
예상치 못한 단골 고객

영국왕립미술대학원Royal College of Art(이하 RCA)은 세계 유일의 미술계 대학원이다. RCA는 2015년 QS세계대학순위QS World University Rankings(영국의 대학 평가 기관 Quacquarelli Symonds가 1994년부터 매년 시행하고 있는 대학 평가표로, 전 세계 상위권 대학들의 학사 및 석사 순위를 매김)에서 '아트 디자인 분야' 세계 1위에 선정된 바 있고, 시각예술 분야에서 세계 최고의 실적과 평가를 얻고 있다. 덧붙여, 잇달아 혁신적인 가전제품을 세상에 선보이는 다이슨 사의 창업자인 제임스 다이슨James Dyson은 RCA에서 프로덕트 디자인을 공부했다. 그런데 이 RCA가 지난 몇 년 동안 기업을 대상으로 예상 밖의 비즈니스를 확대하고 있다. 바로 '글로벌 기업의 경영진 트레이닝'이다.

현재 RCA에서는 다양한 분야의 경영진과 엘리트를 대상으로 한 프로그램을 준비해놓고 있다. 포드, 비자, 글락소 스미스 클라인Glaxo Smith Kline 등 세계적 기업들이 각사의 미래를 책임질 것으로 기대를 모으는 경영 후보들을 이 프로그램에 참가시키고 있다. '미술 대학원'과 '글로벌 기업의 경영진'이라니…. 아무래도 어색한 조합이지 않은가. 하지만 이런 조합은 전 세계적 트렌드로 확산되고 있다.

2016년 11월 13일 자《파이낸셜타임스》에 실린 〈미술 대학의 MBA가 창조적 이노베이션을 가속한다The art school MBA that promotes creative innovation〉라는 기사에서는 그와 관련해 다음과 같이 보도했다. 이른바 전통적인 비즈니스 스쿨에서 MBA를 취득하기 위해 원서를 접수하는 수는 감소하는 경향을 보이는 한편, 아트 스쿨이나 미술계 대학의 경영진 트레이닝에는 많은 글로벌 기업이 자신들의 핵심 인재를 보내고 있다는 내용이었다.

"일이 바빠 미술관에 갈 여유는 없습니다"라고 말하는 보통의 비즈니스맨의 입장에서 보면, 글로벌 기업의 인재들이 대거 미술계 대학에서 트레이닝을 받고 있는 풍경은 기이해 보일 것이다. 그러나 이런 경향은 이미 약 10년 전부터 벌어지고 있었다.

예를 들어《하버드비즈니스리뷰》에 〈MFA, 즉 예술학 석사는 새로운 MBA다 The MFA es the new MBA〉라는 제목의 기사가 게재된 것은 2008년의 일이다. 이 기사에서는, 선진적 글로벌 기업이 MBA에서 배우는 분석적이고 현실적인 스킬보다 미술계 대학원에서 배우는 통합적인 스킬을 더 중요하게 보고 있다고 밝혔다.

또 미국에서 2005년에 출판되어 세계적인 베스트셀러가 된 다니엘 핑크의 《새로운 미래가 온다》에서는 다음과 같이 지적하고 있다. 대부분의 비즈니스가 기능의 차별화에서 정보의 차별화로 경쟁 국면이 바뀌고 있는 상황에서, 지나치게 남발해 희소성을 잃은 MBA와 극히 한정된 인원만이 입학할 수 있는 MFA를 비교, 학위로서의 가치가 역전되고 있다는 것이다.

스탠퍼드대학교에서 창조성과 리더십을 연계해 문제를 해결할 때 논리적 접근과는 다른 '디자인사고 프로그램'을 본격적으로 가르치기 시작한 것은 약 10년 전의 일이다. 또한 북유럽의 비즈니스 스쿨이 창조성을 교육 과정의 중심에 놓고, 이른바 '창조적 리더십'을 간판으로 내건 것도 지난 몇 년 사이의 일이다. 이런 트렌드를 크게 묶으면 다음과 같은 의미로 해석할 수 있다.

"글로벌 기업의 경영진이나 엘리트, 즉 세계에서 가장 난이도 높은 문제해결을 담당하게 될 것이라고 기대를 모으는 사람들은 지금까지의 논리적이고 이성적인 스킬에 더해 직감적이고 감성적인 스킬을 갖춰야 한다. 또한 선구적 교육 기관도 그 기대에 부응할 수 있도록 프로그램을 진화시키고 있다."

사실 예술 관계자들 사이에서는 이런 변화가 자주 화제로 올랐다. 나는 대학원에서 큐레이션curation을 전공한 후, 분야가 전혀 다른 컨설팅 쪽으로 발을 들어놓았다. 하지만 동창생 대부분은 어떤 형태로든 예술계와 관련 있는 일을 하고 있다. 예술계에 오랜 세월 몸담고 있는 그들의 말을 빌리면, 지난 몇 년 사이에 미술관을 방문하는 사람들의 면면이 상당히 바뀌었다고 한다.

예를 들어, 뉴욕의 메트로폴리탄 미술관Metropolitan Museum of Art이나 런던의 테이트 브리튼 갤러리Tate Britain Gallery 등의 대형 미술관에는 사회인을 대상으로 하는 갤러리 토크gallery talk 프로그램이 준비되어 있다. 갤러리 토크란, 큐레이터가 예술품을 감상하면서 작품의 미술사적 의미나 눈여겨볼 점, 제작과 얽힌 일화 등을 참가자에게 해설해주는 교육 프로그램의 일종이다. 근데 이 갤러리 토크에 참가하는 사람의 면면이 크게 바뀌고 있다는 것이다.

확실히 그렇다. 메트로폴리탄 미술관에서 진행하는 이른 아침의 갤러리 토크에 참가해보면 예전에는 여행객과 학생이 주를 이룬 반면, 지난 몇 년간은 멋진 양복을 걸치고 지적인 분위기를 물씬 풍기는 점잖은 사람들을 곧잘 볼 수 있었다. 그들은 바쁜 출근 시간 전에 일부러 시간을 내어 예술 공부를 하는 것이다.

글로벌 기업이 세계적인 미술 대학원 RCA에 경영진과 핵심 인재를 보내는 이유는 무엇인가? 뉴욕이나 런던의 지적 전문직 종사자는 무엇 때문에 이른 아침부터 갤러리 토크에 참여하는 것인가? 지금부터 독자 여러분과 함께 그 해답을 찾아보기로 한다.

세계의 엘리트는

왜 미의식을 단련하는가

"세계의 엘리트는 왜 미의식을 단련하는가?"

　바쁜 독자들을 위해 이 의문에 대해 간단히 정리해보겠다. 이 글은 책의 핵심 내용을 함축한다는 점에서 짬을 내기 어려운 독자들에게 분명 도움이 될 것이다. 좀 더 깊이 고찰하기를 원하고, 국내외의 다양한 실전 사례를 알고 싶다면 이 부분을 건너뛰고 책 본문을 바로 읽는 것도 괜찮다.

　글로벌 기업이 세계적으로 유명한 미술계 대학원과 아트 스쿨에 인재를 보내고, 뉴욕이나 런던의 지적 전문직 종사자가 이른 아침부터 갤러리 토크에 참가하는 이유는 무엇일까?

　그것은 보여주기식 교양을 위해서가 아니다. 그들은 매우 공리적인 목적을 위해 미의식을 단련하고 있다.

　이전처럼 "논리·분석·이성에 발판을 둔 경영, 이른바 '과학 중시의 의사결정'으로는 요즘처럼 복잡하고 불안정한 세계에서 비즈니스를 리드할 수 없다"는 사실을 잘 알고 있기 때문이다.

　그들이 이런 생각을 하게 된 구체적 이유는 무엇일까?

　나는 이 책을 집필하면서 수많은 기업과 사람을 인터뷰했고, 그들이 공통적으로 지적한 내용을 다음의 세 가지로 정리할 수 있었다.

첫째, 논리적·이성적 정보처리 스킬의 한계가 드러나다

이 문제가 발생한 데는 크게 두 가지 요인이 얽혀 있다.

하나는 많은 사람들이 논리적이고 분석적인 정보처리 스킬을 갖추게 된 결과, 전 세계 시장에서 '정답의 상품화commodity' 현상이 나타나고 있다는 문제다. 논리적·분석적 정보처리 스킬은 오랜 세월 동안 비즈니스 퍼슨이라면 필수적으로 갖춰야 할 자질로 여겨졌다.

그러나 논리적이고 이성적으로 올바르게 정보를 처리한다는 것은 '타인과 같은 정답을 도출해낸다'는 뜻이기도 하다. 따라서 필연적으로 '차별화의 소실消失'이라는 문제가 발생한다. 경영의 의사결정이 지나치게 과학에 휘둘리면 반드시 이 문제가 일어난다.

또 하나의 요인은, 논리적·분석적 정보처리 스킬이 지닌 '방법론으로서의 한계'다. 최근에 글로벌 컨퍼런스에서 자주 듣는 말이 있는데, 바로 뷰카VUCA라는 단어다. 원래는 미 육군이 현재의 세계정세를 표현하기 위해 사용한 조어이지만 지금은 다양한 장소에서 들을 수 있다. 뷰카란, 변동성Volatility, 불확실성Uncertainty, 복잡성Complexity, 모호성Ambiguity이라는, 현 세계의 상황을 표현하는 네 가지 단어의 머리글자를 조합한 것이다.

이런 세상에서 오직 논리와 이성만을 고집하면 경영에서의 문제해결력이나 창조력을 마비시키는 결과를 초래한다. 지금까지 효과적이라고 여겨온 논리사고 스킬은, 문제의 발생과 요인을 정적이고 단순화된 인과관계 모델로 뭉뚱그려 해결법을 생각하는 접근방식을 취한다. 그러나 문제를 구성하는 인자가 증가하고 그 관계가 동적으로 복잡하게 변하면 이런 접근방식은 제 기능을 하지 못한다.

이런 세상에서 끝까지 논리적이고 이성적인 것을 고집하면 합리성은 담보될 수 없고 의사결정은 교착 상태에 빠진다. 경영의 의사결정에서 합리성의 중요성을 가장 먼저 지적한 사람은 경영학자 이고르 앤소프Igor Ansoff였다. 그렇지만 그는 동시에 과도한 분석 지향과 논리 지향의 위험성도 지적했다. 앤소프는 1965년에 저술한《기업 전략Corporate Strategy》에서 합리성을 지나치게 추구하면 기업의 의사결정이 정체에 빠질 가능성이 있다고 지적하면서 그런 상태를 '분석 마비'라는 절묘한 단어로 표현했다. 그리고 현재 대부분의 기업에서 이런 상황이 벌어지고 있다.

이런 다양한 요소가 복잡하게 얽혀 있는 세상에서는 요소환원주의要素還元主義(대상을 세분화해 각 요소를 분석한 후에 그것을 다시 종합해 전체를 파악하는 일)의 논리사고와 접근방식은 제 기능을 하지 못한다. 따라서 전체를 직각적直覺的으로 포착하는 감성과, 진·선·미를 느낄 수 있는 방법을 내성적內省的으로 창출해내는 구상력과 창조력이 필요하다.

둘째, 전 세계 시장이 '자기실현적 소비'로

노벨 경제학상을 수상한 로버트 포겔Robert Fogel은 "전 세계로 확산된 풍요로움은 특별한 사람만의 소유였던 '자기실현 추구'를 거의 모든 사람에게 확산시켰다"고 지적했다.

인류 역사에서 최초라고 말할 수 있는 '지구 전체 규모에서의 경제성장'이 진전을 보이고 있는 지금, 세상은 거대한 '자기실현 욕구의 시장'으로 바뀌어가고 있다. 이런 시장에서 싸우려면, 정밀한 마케팅 스킬을 갖춘 논리적·기능적 우위성이나 가격 경쟁력을 형성하는 능력보다는 '인간의 자기실현 욕구를 자극하는 감성과 미의식'이 중요하다.

인간의 욕구를 가장 하위의 '생리적 욕구'에서 가장 상위의 '자기실현 욕구'까지 5단계로 분류할 수 있다는 사고방식, 이른바 '욕구 5단계설'을 주장한 사람은 에이브러햄 매슬로Abraham H. Maslow*다.

이 설을 바탕으로 생각하면, 경제성장으로 생활수준이 높아지면서 상품이나 서비스에 요구되는 편익도 변화하고 있다. '안전하고 쾌적한 생활을 하고 싶다(안전 욕구)'를 충족시키면 서서히 '집단에 소속되고 싶다(소속감과 애정의 욕구)'로, 다음은 '타인에게 인정을 받고 싶다(존경 욕구)'로 진행되며, 최종적으로는 '자기다운 삶을 실현하고 싶다(자기실현 욕구)'에 다다른다.

프랑스 사상가 장 보드리야르Jean Baudrillard는 선진국에서의 소비

행동이 '자기실현을 위한 기호의 발신'이라고 명확하게 지적했다. 이 지적은 이제 선진국뿐만 아니라 대부분의 개발도상국에도 적용된다.

뭉뚱그려서 말하면 모든 소비 비즈니스가 패션화되고 있다고 말할 수 있다. 이런 세상에서는 기업이나 리더의 미의식 수준이 경쟁력을 크게 좌우한다.

셋째, 법이 시스템의 변화를 따라가지 못하다

현재 사회의 다양한 영역에서 법률 정비가 시스템의 변화를 따라가지 못하는 문제가 일어나고 있다.

시스템이 변화한 후에 법률이 사후에 제정되는 사회에서 명문화된 법률만을 의지해 판단을 내리려는 사고방식, 이른바 실정

---

* 아마 이런 전제를 두고 글을 쓰면 다음과 같은 반론이 있을지도 모른다.
"매슬로의 욕구 5단계설은 실증 실험으로는 증명되지 않았고, 학계에서는 여전히 미심쩍게 생각한다는 사실을 모르는 것인가?"
이 문제는 이 책을 집필하는 기본적인 태도와도 관계가 있기에 일단 '과학적으로 검증되지 않았다'는 반론에 대해 답하기로 한다.
과학에서는 '진위'의 판정이 중요하지만, '과학적으로 검증할 수 없다'는 것은 '진위가 명확하지 않다'는 사실을 의미하는 것일 뿐 그 명제가 '거짓'이라는 의미는 아니다. 이 책의 주제는, 현재의 경영에서 '예술'과 '과학'이 상극을 이루고 있고, 과학에만 의존한 정보처리는 의사결정을 복잡하고 빈약하게 만든다는 것이다.
마찬가지로, 이 책의 주장을 보다 풍부하게 만들기 위해 나는 '과학'과 '예술' 양쪽, 즉 사고에서의 '논리'와 '직감' 양쪽을 사용하고 있다. 그런 이유로 내가 개인적으로 '직감적으로 옳다'고 생각한 것에 대해서는 반드시 과학적 근거가 명확하지 않은 경우에도 그것이 '옳다'는 전제로 서술하고 있다는 점을 미리 밝혀둔다.

법주의는 매우 위험하다. 결과적으로 윤리에서 크게 벗어날 우려가 있기 때문이다.

요즘처럼 변화가 빠른 세상에서, 법률 정비는 시스템의 변화를 따라가는 형태로 이루어진다. 그런 세상에서 지속적으로 품질 높은 의사결정을 하려면 명문화된 규칙이나 법률만을 의지해서는 안 된다. 그보다는 내재적으로 진·선·미를 판단하는 미의식을 갖춰야 한다.

구글은 영국의 인공지능 벤처 기업 딥마인드DeepMind를 인수할 때, 사내에 인공지능의 폭주를 막기 위한 윤리위원회를 설치했다.

그들은 인공지능처럼 진화와 변화가 심한 영역에서는 그 활용을 제어하는 규정을 외부에서 찾는 태도를 취하면 윤리에서 크게 어긋날 위험성이 있다고 생각했다. 따라서 판단을 내부화하는 결정을 내린 것이다.

이처럼 시스템 변화에 법률 정비가 따라가지 못하는 지금과 같은 상황에서는 명문화된 법률에만 의지하지 말고 자기 나름대로의 미의식에 비춰 판단하는 태도를 갖춰야 한다.

여기까지는 RCA를 비롯한 아트 스쿨과 미국 아스펜 연구소 Aspen Institute(워싱턴D.C.에 위지한 초당파적 비영리 연구 기관)의 '철학 워크숍'에 경영진과 핵심 인재를 보내고 있는 글로벌 기업의 인재육성 담당자의 대답을 정리해 소개한 것이다. 이제부터는 각 항목별로 보다 상세하게 고찰해보기로 하겠다.

비즈니스에서의 미의식이란

일반적으로 비즈니스의 문맥으로써 미의식을 다룬다면, 상품 디자인이나 광고 등 이른바 창조 영역에 관한 논의로 받아들이기 쉽다. 그러나 이 책에서는 그 개념을 일반적인 통념보다 넓혀 '좀 더 깊은 개념'으로 쓰기로 한다.

비즈니스 세계에서의 '장점'은 기업 활동의 다양한 측면에서 판단 기준이 된다. 예를 들어, 합리적이고 효과적인 경영전략은 장점이라 할 수 있다. 또는, 법령을 준수하고 도덕적이기를 원하는 사풍은 기업 풍토로서 장점이라 할 수 있다.

한편, 이 책에서는 '경영에서의 미의식'이라는 말을 '앞으로의 다양한 기업 활동'이라는 측면에서의 장점과 단점을 판단하기 위한 '인식의 기준'으로 사용할 것이다.

예를 들면 다음과 같은 방식이다.

- 종업원이나 거래처의 마음을 설레게 하는 '비전의 미의식'
- 윤리에 바탕을 두고 자신의 행동을 제어하는 '행동규범의 미의식'
- 자사의 강점이나 약점에 어울리는 합리적인 '경영전략의 미의식'
- 고객을 매료시키는 커뮤니케이션과 상품을 통한 '표현의 미의식'

이런 인식의 기준은 왜 필요할까?

현재 기업 활동의 장점은 다양한 KPI~Key Performance Indicator(핵심성과지표)~ 에 의해 계량되고 있다. 그것은 '자본회전율'이기도 하고 '생산성'이기도 하다. 하지만 지표로 계량할 수 있는 이런 것들은 당연히 기업 활동의 극히 일부에 해당하는 '계측 가능한 측면'에만 한정될 수밖에 없다. 그러나 기업 활동은 매우 다방면에 걸쳐 전개되고, 복잡한 요소에 의해 구성되는 전체적 시스템이다. 따라서 경영의 건전성은 반드시 이런 계측 가능한 지표만으로 측정할 수 없고, 그렇게 해서도 안 된다.

그럼에도 현재 대부분의 기업은 오직 계측 가능한 지표만을 높이는 일종의 게임 상태에 빠져 있다. 그로 인해 법률 위반 사태가 연이어 벌어지고 있다.

이런 상황은 내가 오랜 기간에 걸쳐 근무하고 있는 컨설팅 산업이 마치 한 손으로는 불을 붙이고 다른 손으로는 그 불을 끄는 매치 펌프~match pump~ 같은 역할을 해왔기 때문에 초래한 상황이라는 측면이 있어서 나 스스로 부끄러운 생각도 든다.

컨설팅 회사가 제공하는 부가가치를 한마디로 정리하면 '경영에 과학을 도입하라'는 것이다. 과학에 의존하는 이상, 그 판단 기준은 아무래도 수치가 될 수밖에 없다.

컨설팅 회사가 생산성이나 자본회전율 등의 '수치'를 사용해서 경영의 '문제'를 함부로 지적하고 위협하는 것은 그들이 그런 '언어'밖에 갖고 있지 않기 때문이다. 그러나 수치에만 의존해 경영의 건전성을 점검 및 개량하는 것에는 한계가 있다. 기업은 사람이 모여 성립되는 것이며, 비즈니스는 사람과 사람의 커뮤니케이션에 의해 성립되는 것이기 때문이다.

이것은 조금만 생각해보면 어린아이도 알 수 있는, 그야말로 당연한 내용이다. 하지만 앞에서 설명한 대로 컨설팅 회사가 주도하고 유포시킨 '모든 것을 수치화해서 관리한다'는 일종의 환상이 침투한 결과, 많은 사람들이 그 사실을 잊고 있다.

내가 강연회나 워크숍에서 "경영을 수치만으로 관리할 수는 없으며 그렇게 해서도 안 됩니다"라고 지적하면, 즉시 "피터 드러커도 측정할 수 없는 것은 관리할 수 없다고 말하지 않았습니까?"라는 식의 반론이 나온다.

이 지적은 '정량적이고 논리적인 근거가 없으면 의사결정을 할 수 없는' 사람, 즉 미의식에 바탕을 두고 판단하는 담력이나 리더십을 갖추지 못한 사람이 어려운 의사결정을 기피할 때 이용하는 방편이다.

이 반론은 매우 편리하므로 요즘은 다양한 기업이나 국가 기관에서도 흔히 들을 수 있다. 그러나 이것은 두 가지 지점에서 완전히 잘못되었다.

첫째, 이 지적은 사실 드러커의 주장이 아니라, 에드워즈 데밍 _{W. Edwards Deming(1900~1993, 금세기 최고의 품질 대가. 통계적 품질 관리의 중요성을 주장함)} 박사의 주장이라는 점이다.

둘째, 이 지적의 전후에 있었던 문언이 빠져 있기 때문에 결과적으로 데밍 박사가 전하고자 한 본래의 메시지와는 크게 달라져 버렸다는 점이다.

데밍 박사가 지적한 내용의 원문은 다음과 같다.

It is wrong to suppose that if you can't measure it, you can't manage it-a costly myth.*

측정할 수 없는 것은 관리할 수 없다고 생각하는 것은 잘못이다. 이것은 대상 代償의 커다란 오해다.

정반대의 말을 하고 있지 않은가.

원문에서 뽑아낸 잠언이나 명언은 사람들을 오도하게 만들기 쉬운데, 데밍 박사의 경우가 그 전형적 예다. 데밍 박사는 품질 관리나 생산 관리라는 측면에서 경영에 커다란 영향을 미친 인물이다. 경영에 과학이라는 관점을 제공한 인물이기도 하다. 그런 데

---

* John Hunter, 〈Myth: If You Can't Measure It, You Can't Manage It〉, The W. Edwards Deming Institute Blog, August 13, 2015

밍 박사가 "측정할 수 있는 것만으로 경영을 관리해서는 안 된다"고 말한 것이다.

그렇다면 '측정할 수 없는 것' '이론적으로 흑백을 가릴 수 없는 것'에 대해서는 어떻게 판단해야 할까?

그 기준이 바로 '리더의 미의식'이라는 것이 이 책의 대답이다. 즉, 이 책에서의 미의식이란 경영에서의 진·선·미를 판단하기 위한 인식 모드다.

독일의 철학자 임마누엘 칸트는 진·선·미를 판단할 때 이성과 감성의 문제에 대해 인생을 걸고 철저하게 고찰한 인물이다. 칸트는《순수이성비판》《실천이성비판》《판단력비판》이라는 세 가지 주요 저서를 남겼는데, 이 저서들은 각각 진·선·미의 판단에 관해 고찰한 것이라고 볼 수 있다.

모두 난해한 책이지만 전체를 관통하는 내용을 한마디로 정리하면 다음과 같다. 인식 모드를 '이성'에만 의존하는 태도는 위험하며, 올바른 인식과 판단을 하려면 '쾌·불쾌'라는 감성을 활용해야 한다는 것이다.

칸트는《판단력비판》에서 다음과 같이 말했다.

미美는 어떤 대상의 합목적성合目的性의 형식이지만, 그것은 그 합목적성이 목적의 표상이 아닌 직접적인 대상에 대해 지각知覺하는 것이다.

그야말로 칸트다운 난해한 문장이지만 의역을 해보면 "아름다움은 어떤 보편적 타당성이 있다"고 해석할 수 있다.

칸트는 '좋다(장점)'는 말이 항상 어떤 목적을 동반한 개념이라고 지적한다. "이 식칼은 좋은 식칼이다"라고 말할 때 우리는 그 '좋다'를 '물건을 자른다는 식칼의 목적'에 바탕을 두고 이해한다.

하지만 '아름다움'이라는 말은 그렇지 않다. '아름다움'은 목적이 분명하지 않은 경우라도 '아름답다'고 느낄 수 있다. 그리고 우리가 '아름답다'고 느낄 때 그것은 어느 정도 합리적인 목적에 들어맞는다는 것이 칸트의 지적이다.

칸트의 이 지적은 시스템이 복잡하게 서로에게 영향을 끼치고, 목적과 수단의 관계를 단순한 구조로 파악하기 어려운 현대사회를 살아가는 우리들이 새삼 경청해야 할 내용이다.

세계의 인재들이 필사적으로 '미의식'을 단련하고 있는 이유 역시 마찬가지다.

그것은 그들이 앞으로 마주하게 될 문제, 즉 수치화가 쉽지 않고 논리만으로는 흑백을 분명하게 파악하기 어려운 문제에 대해 적시·적절하게 의사결정을 하기 위한 궁극적인 판단력을 단련하기 위해서다.

미의식은 일반적으로 음악이나 회화 등 표현 예술을 창작하거나 감상할 때 요구되는 것이며, 비즈니스와는 전혀 관계가 없다고 생각하는 사람이 많다. 그러나 비즈니스가 정말 '표현 행위'와 완전히 동떨어진 행위일까?

여기에서 문제가 되는 것은 비즈니스로 대표되는 사회적 행위와 표현 행위의 연관성이다. 사람들 대부분은 음악이나 회화 등의 창작이라는 표현 행위와 자신이 일상적으로 관여하고 있는 사회적 행위를 전혀 관련이 없는 것으로 생각한다. 그러나 앞으로 사회를 보다 바람직한 방향으로 만들려면 지극히 일상적인 생활에 대해서도 '작품을 만든다'는 자세로 대응해야 할 필요가 있다.

독일의 예술가 요제프 보이스Joseph Beuys는 사회조각社會彫刻이라는 콘셉트를 제기, 모든 사람은 예술가로서의 자각과 미의식을 갖고 사회에 관여해야 한다고 주장했다. 보이스에 의하면, 우리는 '세계'라는 작품 제작에 집합적으로 관여하는 예술가 중의 한 명이다. 그렇기에 이 세상을 어떤 식으로 만들 것인지 확실한 비전을 갖고 일상생활을 해야 한다는 것이다.

비전을 갖는 것과 일상의 사소한 문제에 관여하는 것은 결코 모순되지 않는다. 우리가 살아가는 이 세상은 만만치 않다는 사실을 이해하고 그에 맞서 싸우며 어떻게 해야 보다 바람직한 방향으로 사회를 바꿔갈 수 있는지 끊임없이 생각하는 자세, 포기하지 않고 희망을 잃지 않는 자세를 갖춰야 한다.

비즈니스 퍼슨이라면, 예술가의 관점에 서서 자신이 관여하고 있는 프로젝트를 작품이라고 생각해야 한다. 또 경영자라면 예술가의 관점에서 회사를 자신의 작품이라고 생각해야 한다.

그런 태도로 일을 대할 수 있어야 우리 모두가 사회조각에 집합적으로 참여하는 예술가가 될 수 있다. 따라서 예술가로서 어울릴 만한 미의식을 갖춰야 한다.

'일'이라는 행위가 거듭되어 100년 후, 200년 후의 세상을 만들어간다는 사실을 생각하면 모두가 사회조각에 관여하는 예술가라고 할 수 있다. 그렇기에 "예술가로서의 자각과 미의식을 갖고 사회에 관여해야 한다"고 지적한 요제프 보이스의 말은, 혼란이 심화되고 있는 현 시대에 사는 사람이야말로 귀를 기울여야 할 중요한 내용이다.

직감을
잃어버린
경영의 천재들

① ─────────────

논리와 이성으로는
이길 수 없는 시대로

경영에서의 의사결정에는 몇 가지 대조적인 접근방식이 있다.

여기에서는 그것들을 '논리와 직감' '이성과 감성'이라는 두 가지 대비되는 축으로 정리해보기로 한다.

우선 '논리와 직감'에 관해서다. 논리가 문자 그대로 논리적으로 사물을 생각하고 결론에 이르는 사고방식이라면, 직감은 처음부터 논리를 뛰어넘어 결론에 이르는 사고방식이다.

다음은 '이성과 감성'이다. 이성이 정당성이나 합리성을 바탕으로 의사결정을 내린다면, 감성은 아름다움이나 즐거움이 의사결정의 기준이 된다는 점에서 서로 대비된다.

지난 20년의 역사를 돌이켜보면 기업의 중대한 의사결정 대부분은 그 수준의 높낮이가 어찌 되었든, 논리와 이성을 중시해 이루어진 일이 많았다고 생각할 것이다. 반면 직감이나 감성을 의사결정의 방법으로 이용하는 회사는 없었다고 생각할 것이다. 하지만 기업사에서 후자에 해당하는 사례는 얼마든지 있었다.

감성, 즉 아름다움과 즐거움이라는 '감정에 호소하는 요소'를 의사결정의 기준으로 설정하고 있는 기업 중 하나가 바로 소니다.

소니의 회사 설립 목적 제1조에는 "성실한 기술자가 기능을 최고로 발휘할 수 있도록 자유롭고, 활달하며, 즐겁고 이상적인 공장을 건설한다"는 내용이 적혀 있다. 이것은 곧 '재미있고 즐겁게 일한다'는 뜻이다. 회사에서 그런 목적을 내거는 이상, '무엇을 해야 하고, 무엇을 하지 말아야 하는가'라는 의사결정을 할 때 그 기준은 '재미있는가? 즐거운가?'라는 축, 즉 이성보다는 감성이다.

이 설립 목적을 정리한 사람은 창업자 중 한 명인 이부카 마사루井深大다. 소니의 대명사라고 말할 수 있는 히트작 워크맨은 바로 그의 감성을 거쳐 세상에 등장한 상품이었다.

워크맨은 원래 당시 명예회장이었던 이부카 마사루의 "해외 출장을 갈 때, 기내에서 음악을 들을 수 있는 품질 좋고 휴대하기 편한 카세트플레이어가 있으면 좋겠다"라는 말을 듣고 개발 부서가 제작한 '특별 주문품'이었다. 이것을 역시 창업자 중 한 명인 모리타 아키오盛田昭夫에게 보여주자 모리타도 마음에 들어 하며 제품화하라는 지시를 내린다.

당시의 소니는 이미 세계적으로 이름이 알려진 대기업이었다. 그런 기업에서 지금까지 존재하지 않았던 '포터블 음악 플레이어'라는 제품의 개발이 "흐음, 이거 꽤 좋아 보이는데"라는 느낌만으로 결정된 것이다. 막대한 시장조사 결과와 마케팅 전략을 담은 두꺼운 상품개발 전략제안서를 수십 명의 임원들이 심의하면서도 히트 상품을 내놓지 못하는 요즘의 기업과는 크게 다르다.

두 명의 창업자가 지시를 내렸지만 현장에서는 그 지시에 크게 반발했다. 당시 시장조사를 보면 고객이 원하는 것은 두 가지였다. 커다란 스피커라는 것, 그리고 대부분의 사람들이 라디오

프로그램을 녹음할 수 있는 카세트플레이어를 구입하고 있다는 것. 그 사실을 알고 있었기에 "스피커도 녹음 기능도 없는 카세트플레이어가 팔릴 리가 없다"라고, 그야말로 논리적이면서 이성적으로 맹렬하게 반발했던 것이다.

비즈니스의 의사결정에서 이성과 감성이 대비될 때, 감성에 근거한 의사결정을 내린 사례로서 소니의 설립 목적과 워크맨의 개발은 전형적인 예다.

◎   **스티브 잡스를 복권시킨 직감의 힘**

이번에는 '논리'와 '직감'이 대비될 때, 직감에 근거한 의사결정의 사례에는 어떤 것이 있을까?

직감을 의사결정의 방법으로 이용한 대표적인 경영자는 스티브 잡스Steve Jobs다. 그는 직감에 대해 다음과 같은 말을 남겼다.

인도의 지방 도시에 사는 사람들은 우리처럼 지력知力으로 사는 것이 아니라 직감으로 산다. 그들의 직감은 단연코 세계 최고라고 꼽을 수 있을 정도로 발달해 있다. 직감은 매우 강력하다. 나는 지력보다 직감이 더 강력하다고 생각한다. 이 인식은 내가 하는 일에 커다란 영향을 끼쳤다.

역시 스티브 잡스다운 말이라고 해야 할까. 약간 과장된 지적이라는 생각도 들지만 실제로 그의 의사결정 대부분이 순간적인 직감에 이끌려 이뤄졌던 것은 분명한 사실인 듯하다. 대표적인 예로, 잡스가 애플로 복귀한 직후에 판매한 아이맥iMac은 발매 직후 다섯 종류의 컬러를 추가했는데, 이 의사결정을 할 때 잡스는 제조 단가나 재고 시뮬레이션은 고려하지 않았다. 그는 디자이너의 제안을 듣자마자 '그 자리에서' 즉각적인 결단을 내렸다.

제조나 물류에 경험이 있는 사람이라면 잘 알겠지만, 원래 한 가지 색뿐이었던 제품에 다섯 가지 색을 추가하면 전체적인 제작 과정을 관리할 때 그 난이도가 엄청나게 높아진다. 따라서 신중한 분석과 시뮬레이션을 거쳐 실행하는 것이 상식이다. 그러나 잡스는 그런 논리적·이성적 접근방식을 밟지 않고 직감적·감성적으로 의사를 결정했다. 그리고 아이맥은 대히트를 기록해 애플 부활의 상징이 되었다.

대다수의 사람들은 비즈니스에 있어서 지적 생산이나 의사결정을 할 때, 논리와 이성을 직감과 감성보다 높게 평가하는 경향이 있다. 이런 경향은 그러나 그만큼 '정교하다'고 보기는 힘들다. 그보나는 권력자가 만들어내는 분위기에 휘둘려 의사결정을 해버릴 수 있다는 우려에 대한 반동으로, 일종의 허세라고 볼 수 있다. 이 점에 대해서는 나중에 다시 다루기로 하겠다.

우선 여기에서 확인해둘 것은 비즈니스의 의사결정에서는 '논리와 직감' '이성과 감성'이라는 대비 축이 존재한다는 것. 그리고 일반적인 통념으로는 '논리와 직감'에서는 논리가, '이성과 감성'에서는 이성이 각각 우위를 차지한다고 생각하기 쉽지만, 역사를 돌이켜보면 과거의 우수한 의사결정 대부분은 뜻밖에도 직감이나 감성에 근거해 이뤄진 경우가 많았다는 점이다.

◎　　　　　직감은 따르되 비논리는 경계하라

여기에서 한 가지 주의해야 할 점이 있다. 나는 절대로 '논리나 이성을 무시해도 된다'고 말하는 것이 아니다. 아무리 직감이 중요하다고 해도 비논리적이어도 된다는 뜻은 아니다. 지금 눈앞에 여러 선택지가 있다고 할 때, 아무리 봐도 논리적으로 불리해 보이는 것을 일부러 직감이나 감성을 앞세워 선택한다면 그것은 대담한 것도 호탕한 것도 아닌 멍청한 짓이다.

내가 말하고 싶은 바는, 논리나 이성으로 생각해도 흑백을 분명히 가릴 수 없는 문제에 대해서는 오히려 직감에 의지하는 것이 낫다는 뜻이다. 즉, '논리나 이성을 최대한 활용해도 흑백이 명확하지 않은 문제에 대해서는 의사결정 모드를 구분해 사용할 필요가 있다'는 뜻이다.

이것은 나만의 주장이 아니다. 과거의 역사를 살펴보면 비슷한 지적을 한 사람들이 많다.

에도시대江戸時代 무도가 마쓰라 세이잔松浦靜山은 "승리에는 불가사의한 승리가 있고 패배에는 불가사의한 패배는 없다*"는 말을 남겼는데, 이 역시 비슷한 지적이다.

세이잔은 무도가로서 대성한 인물이지만 다이묘大名(각 지방의 영토를 다스리고 권력을 행사했던 유력자)로서도 대단했다. 그는 정치 수완을 발휘해 재정난에 빠져 있던 한藩(다이묘가 지배했던 영역)을 요즘으로 치면 'V자 회복'을 시킨 인물이다.

우선 "승리에는 불가사의한 승리가 있다"는 말에 대해 생각해 보자. 불가사의라는 것은 '논리로 설명할 수 없다'는 의미로, 이 말은 곧 '논리적으로는 적절하게 설명할 수 없는 승리가 있다'는 말이다. 왜 승리를 거둔 것인지, 언어화해서 설명할 수 없는 승리가 있다는 뜻이다.

_____

* 마쓰라 세이잔이 쓴 검술 저서 《겐단劍談》에 기록된 밀이다.

한편 "패배에는 불가사의한 패배는 없다"는 말은 곧 '패배는 항상 논리적으로 설명할 수 있다'는 뜻이다. 즉, 패배는 항상 패배와 연결되는 논리적인 요인이 있고, 논리적인 실수는 항상 패배와 직결되는 요인으로 작용한다는 의미다.

경영의 역사에 관해서도 같은 말을 할 수 있다. 과거의 경영사를 살펴보면 우수한 의사결정 대부분은 논리적으로 설명할 수 없는 것이 많다. 이는 '비논리적'인 것이 아니라 '초논리적'인 것이다. 한편, 과거의 실패 사례를 살펴보면 대부분 논리적으로 설명할 수 있는 경우가 많다. '논리를 벗어난 상황에서 아무리 직감이나 감성을 구동하더라도 승리는 없는' 셈이다.

이 책의 지향점은 '경영에서의 예술과 과학의 균형'이다. 이를 '직감과 논리의 균형'이라 바꿔 말할 경우, 성급하게 둘 중에서 어느 한쪽이 우수한가 하는 논점을 설정해버리기 쉽다. 하지만 그런 거친 사고방식으로는 경영이라는 복잡한 행위에 도움이 되는 조언을 뽑아낼 수 없다.

경영의 의사결정에서는 논리도 직감도 고차원으로 활용해야 한다. 따라서 이 책의 독자라면, 둘 중의 어느 한쪽이 다른 한쪽에 비해 뒤진다는 사고방식은 매우 위험하다는 인식을 갖고 다음 페이지를 넘기기를 바란다.

누구나 똑같은
정답을 말하다

지금부터는 논리와 이성에만 의존한 의사결정이 초래하는 폐해에 대해 이야기해보겠다.

가장 급한 문제는, 글로벌 기업의 인재들이 앞으로 맞서야 할 매우 난이도가 높은 문제에 대해 논리적·이성적 사고로는 효과적인 해답을 도출해내기 어려워졌다는 점이다.

이미 1980년대 자연과학 세계에서는 이른바 복잡계complex system 문제에 대한 요소환원주의 접근방식이 한계에 다다랐다는 말이 거론되었다. 그리고 1990년대에는 매사추세츠공과대학교의 피터 센게Peter Senge가 경영에서 지금까지의 문제해결 접근방식이 무효화되고 있다며, 그것을 대신할 수 있는 새로운 사고법으로 시스템 사고를 주장했다.

경영에 사용되는 논리사고의 스킬은 보통 다음과 같은 접근방식을 취한다. 문제의 발생과 그 요인을 정적靜的이고 단순화된 인과관계로 추상화하고, 해결법을 모색하는 것이다. 그러나 문제를 구성하는 인자가 증가하고 또 그 관계가 동적動的으로 복잡하게 변화하면 이런 문제해결 접근방식은 전혀 기능을 하지 못한다.

수학에서는 이미 19세기 말에 3체three body 이상의 상호 영향을 끼치는 계통을 해석할 수는 없다는 다체문제many body problem가 앙리 푸앵카레Henri Poincare에 의해 증명된 바 있다. 그리고 마찬가지의 문제가 비즈니스 세계에서도 벌어지고 있다는 것이 밝혀졌다. 이런 세상에서 20세기 후반에 맹위를 떨쳤던 논리사고 접근방식은 도움이 되기는커녕 오히려 해답을 오도해버릴 가능성이 높다.

발생하는 거대한 문제들

만약 '논리적·이성적으로 흑백을 가리기 어려운 문제'에 대해 끝까지 논리적·이성적으로 해답을 도출해내려 한다면 무슨 일이 일어날까? 결과는 한 가지뿐이다. '의사결정의 교착과 그 결과로 나타나는 비즈니스의 정체'다.

나는 컨설턴트로서 기업의 경영회의에 참가할 일이 많다. 그때마다 경영기획부의 품의서나 제안에 대해 경영진이 "정보가 부족하군" "이것만으로는 결정을 내릴 수 없겠어"라는 반론을 듣는 경우가 꽤 많았다. 외부인의 입장에서는 "그렇다면 정보가 늘어나면 당신들은 결정을 내릴 수 있는가?" 하는 의문이 든다.

물론 논리적이면서 이성적으로 판단을 내리기 위한 정보가 충분히 모아진다면 그보다 좋은 일은 없다. 그러나 요즘의 기업이 상대해야 하는 대상은 논리적으로 생각한다고 반드시 해답을 얻을 수 있는 문제들만 존재하는 것이 아니라는 점이다. 그런 문제와 맞설 때, 끝까지 논리적이고 이성적인 것만을 추구한다면 해답을 도출해낼 수 없다.

취미 삼아 하는 낱말 퍼즐이라면 아무리 많은 시간을 들인다고 해도 별 문제가 없겠지만, 비즈니스 세계에서 시간은 경쟁자원이다. 따라서 시간을 낭비한다는 것은 결국 자원을 낭비한다는 뜻이다.

일이 복잡하게 얽혀 있어 전혀 예측을 할 수 없는데, 중대한 의사결정을 내려야 하는 상황에서 논리와 이성에만 의존한다면 아무래도 "지금은 결정을 내릴 수 없다"는 위축된 태도를 보일 수밖에 없다. 이런 문제를 처리할 때는 어느 단계에서 논리와 이성에 의한 검토를 차단하고, 직감과 감성, 즉 의사결정을 하는 사람의 진·선·미 감각에 바탕을 둔 의사결정을 해야 한다.

왜 철학과 정치와 경제를 함께 공부할까?

지금까지의 고찰을 한마디로 정리하면 "논리적으로 흑백을 분명히 가릴 수 없는 문제의 해답을 도출해야 할 때, 최종적으로 의존할 수 있는 것은 개인의 미의식밖에 없다"가 된다.

그렇기에 글로벌 기업의 인재들은 예술이나 철학을 공부하는 것인데, 이런 생각은 특별히 새로운 것이 아니다. 유럽에는 이미 400년 전부터 이런 사고방식에 바탕을 두고 인재를 육성한 교육 기관이 있었다. 옥스퍼드대학교나 케임브리지대학교로 대표되는 엘리트 양성 학교다.

정치와 외교는 흑백을 가릴 수 없는 문제가 산재한 곳이다. 앞으로 이 두 가지 분야를 담당할 인재를 양성할 때, 유럽의 엘리트 양성 학교에서는 '철학'으로 대표되는 '미의식 육성'을 중시했다.

영국의 정치 엘리트를 수없이 배출한 옥스퍼드대학교에서는 오랜 기간 문과나 이과를 가리지 않고 역사와 철학을 필수 과목으로 삼았다. 현재도 엘리트 정치가를 꾸준히 배출하는 이 학교의 간판 학부는 PPE 즉, 철학·정치·경제philosophy, politics & economics학과다.

철학과 정치와 경제를 왜 같은 학부에서 공부하는 것일까?

그들은 정치와 경제를 담당할 엘리트야말로 철학을 교양의 기초로 삼아야 한다고 생각한다. 엘리트에게는 큰 권력이 주어지기 때문이다. '철학을 공부할 기회를 주지 않고 엘리트를 육성할 수는 없다, 그것은 매우 위험하다'라는 것이 그들이 지닌 사고방식이다.

마찬가지 사상은 프랑스에서도 엿볼 수 있다. 프랑스 교육 제도의 특징으로 자주 언급되는 것이 첫째는 리세Lycée(프랑스의 대학 진학

_{자를 위한 중등학교)} 최종 학년에서의 철학 교육이고, 둘째는 바칼로레아 baccalauréat(대학입학자격시험)에서의 철학 시험이다. 문과나 이과를 가리지 않고 모든 고등학생이 철학을 필수로 공부하고, 바칼로레아 첫날 첫 시험으로 철학 시험이 실시된다.

덧붙여 어떤 문제가 출제될까? 예를 들어 2017년에는 아래의 세 가지 주제를 네 시간에 걸쳐 논하라는 문제가 나왔다.

> 1. 이성은 모든 것을 설명할 수 있는가?
> 2. 예술 작품은 필연적으로 아름다운가?
> 3. 토머스 홉스의 《리바이어던》에서 발췌한 글에 대해 논술하라.

철학적 사고 트레이닝을 받아보지 않은 사람은 어떻게 이 문제에 접근해야 할지 모를 것이다.

그러나 프랑스의 고등학생은 이런 정답 없는 문제에 "나는 이렇게 생각한다"는 의견을 몇 시간에 걸쳐 논술하기 위한 트레이닝을 받고 있다.

바칼로레아를 취득한 학생은 원칙적으로 어떤 대학이든 입학할 수 있다. 이 시험의 합격 여부는 경력이나 인생에 중대한 영향을 끼친다. 그런 시험에서 '철학하는 능력'이 가장 중요한 필수 교양으로 자리매김되어 있는 것이다.

이것에서도 옥스퍼드대학교와 마찬가지로, 철학적 교양을 갖춘 인물이 아니면 정치나 외교 등의 매우 어려운 문제, 즉 논리적으로 흑백을 가릴 수 없는 문제를 해결하는 임무를 줄 수 없다는 사고방식이 밑바탕에 깔려 있다.

◉　　　　　　　　　　　　　　　　　　　　**정답의 상품화**

논리와 이성에 의존할 때 발생하는 또 다른 문제는 '차별화의 상실'이다.

정보처리를 논리적·이성적으로 실행하는 이상, 입력되는 정보값이 같으면 나오는 해답도 같아진다. 여기에서 역설이 존재한다. 경영은 기본적으로 차별화를 추구하는 행위이기 때문이다.

대부분의 비즈니스 퍼슨은 논리적 사고력, 이성적 판단력을 높이기 위해 노력한다. 그러나 그 노력의 끝은 '다른 사람과 같은 해답을 낼 수 있다'는 종착역, 즉 레드오션밖에 없다. 그런 한편, 대부분의 기업은 이 레드오션에서 살아남기 위해 필사적으로 노력한다.

논리사고는 '정답을 이끌어내는 기술'이다. 우리는 철이 들 무렵부터 이 기술을 단련해왔다. 다만 이런 교육이 보편화되면서 문제가 발생했다. 사람들 대부분이 정답에 이르는, 일률적인 세상에서의 '정답의 상품화' 현상이 벌어진 것이다. 이는 교육의 성과라는 점에서는 축하할 만한 일이지만, 개인의 지적 전투력 면에서는 큰 문제가 아닐 수 없다. 지나치게 공급되는 상품은 가치가 없어지기 때문이다.

경제학에서 '재물의 가치'는 수급 균형에 의해 결정된다. '정답을 이끌어낼 수 있는 사람'이 적었던 시절에는 정답에 높은 가치가 매겨졌다. 하지만 '정답을 이끌어내는 기술'이 이렇게까지 보편화되면 정답은 대형마트에서 바겐세일을 하는 싸구려 상품으로 전락해버린다.

생각해보면 매우 기묘한 상황이다. 필사적으로 논리적·이성적 의사결정을 하도록 조직의 능력을 높인 결과, 모두가 같은 전쟁터에 모여 소모전을 벌인다는, 마치 죄수의 딜레마와 같은 상황에 빠진 것이다.

그렇다면 '다른 사람과 전략이 같은' 경우, 그런 세상에서 승리를 거두려면 무엇이 필요할까? 답은 두 가지밖에 없다. '속도'와 '비용'이다. 사실 논리와 이성에 버팀목을 둔 대부분의 기업이 오랜 세월 추구해온 것이 바로 이 두 가지였다.

속도야말로 기업이 지닌 강점의 본질이라고 지적한 곳은 내가 몸담았던 보스턴컨설팅그룹Boston Consulting Group(미국에 본사를 둔 세계적인 경영컨설팅 회사)이었다. 1980년대 보스턴컨설팅그룹의 컨설턴트인 조지 스토크 주니어George Stalk Jr 등은 미국과 일본 자동차 기업의 개발 및 생산 체제를 비교했다. 그들은 일본 기업의 강점은 리드타임lead time(기획에서 실제로 제품화되기까지의 시간)을 단축해 이용자의 욕구를 빨리 충족시키는 것이라고 설명하면서 비용과 품질에 이은 제삼의 경쟁 콘셉트로서 '타임베이스time base 경쟁전략'을 주장했다.

비슷한 가격, 비슷한 기능, 비슷한 품질의 제품이나 서비스를 구입하는 경우, 긴 시간을 기다리는 것보다는 즉시 손에 넣을 수 있는 쪽이 고객의 편리성이나 만족도가 훨씬 높다. 아마존의 융성을 돌이켜보면 쉽게 이해할 수 있다. 따라서 제품과 서비스를 신속하게 제공할 수 있는 기업은 높은 경쟁력을 가진다. 또한 같은 시간에 효율적으로 많은 활동을 할 수 있으면 비용 경쟁력이라는 측면에서도 유리해진다.

이처럼 '시간이야말로 경쟁력의 원천'이라고 생각해 시간 단축에 초점을 맞추는 콘셉트가 '타임베이스 경쟁전략'의 사고방식이다. '다른 사람과 답이 같다'고 할 때, 기업이 추구한 강점 중의 하나가 이 '속도'였던 것이다.

'다른 사람과 답이 같다'고 할 때, 또 한 가지 무기가 되는 것은 비용이다. 물론 속도를 높이는 것은 결과적으로 비용 면에서의 유리함을 가져오지만, 비용 경쟁력은 속도만으로 형성되지 않는다. 특히 일본 기업의 경우, 1985년의 플라자 합의_{Plaza Accord}(미국의 달러화 강세를 완화하려는 목적으로 미국, 영국, 독일, 프랑스, 일본의 재무장관들이 맺은 합의) 이후로 엔의 가격이 급격하게 상승하는 등 환율 면에서의 유리한 점도 작용해 국제적으로 높은 비용 경쟁력을 발휘할 수 있었다.

즉, 지금까지의 일본 기업 대부분은 '다른 사람과 같은 답'을 '보다 빨리, 보다 싸게' 시장에 제공하는 방식으로 살아남았다. 하지만 이미 다 알고 있듯 글로벌 기업 대부분은 프로세스 벤치마킹_{process benchmarking}을 통해 속도를 따라잡았고, 비용 경쟁력을 지탱하는 강력한 요인 중 하나였던 환율에서의 이점도 사라졌다.

기업은 속도와 비용이라는 두 가지 강점을 잃어가고 있으며, 이제는 역사상 처음으로 진정한 의미에서의 차별화를 만들어내야 하는 시기에 이르렀다.

왜 기업은 숫자와 경험에만
매달리게 되었을까?

MBA 교육을 강렬히 비판하면서 논리와 이성에 대한 지나친 의존성을 지적한 유명한 경영학자가 있다. 바로 헨리 민츠버그Henry Mintzberg다.

민츠버그는 "MBA 교육은 사회에 해악을 끼치고 있다. 당장 멈춰야 한다"는 주장을 했다. 그의 주장은 이 책의 메시지와는 방향이 상당히 다르지만, '경영에서의 논리와 직감, 이성과 감성' 문제를 생각할 때 매우 이해하기 쉬운 논고를 전개하고 있어서 여기에서 소개하겠다.

우선 민츠버그는 경영은 '예술'과 '과학'과 '기술'이 혼합된 것이라고 말한다. 예술은, 조직의 창조성을 뒤에서 밀어주고 사회의 전망을 직감해 이해관계자들의 마음을 설레게 하는 비전을 낳는다. 과학은, 체계적인 분석이나 평가를 통해 예술이 낳은 비전에 현실적인 뒷받침을 해준다. 그리고 기술은, 경험이나 지식을 바탕으로 예술이 낳은 비전을 현실화하기 위한 실행력을 낳는다.

이것을 추론에서의 두 가지 접근방식, 즉 귀납歸納과 연역演繹으로 생각해보자. 개별적인 현상으로부터 추상 개념으로 승화시키는 귀납은 '예술'이, 추상 개념을 쌓아 개별 상황에 적용하는 연역은 '과학'이 담당하게 되며, 양쪽을 연결하면서 현실적인 검증을 하는 것은 '기술'이 된다.

여기에서 포인트는 이들 중 어느 하나만이 돌출되어서는 안

된다는 점이다. '예술형'만으로는 맹목적인 나르시시스트에 빠져 예술을 위한 예술을 추구하는, 즉 진짜 예술가가 되어버린다. '기술형'만으로는 경험만을 인정하고 새로운 것에는 도전하지 않기 때문에 혁신을 이루기 어렵다. 그리고 '과학형'만으로는 수치로 증명할 수 없는 방법은 모두 외면해버리기 때문에 비즈니스에서 인간미가 사라지고 가슴 설레는 비전이 탄생할 수 없다. 즉, 이 세 가지 요소는 균형 있게, 또한 기능적으로 조합을 시켜야 한다.

하지만 현재의 비즈니스에서는 지나치게 과학과 기술이 중시되고 있으며, 그중에서도 비즈니스 스쿨은 기본적으로 과학만 가르치고 있다는 것이 민츠버그의 주장이다*.

내가 여기서 강조하고 싶은 것은, 경영에서의 의사결정의 질은 예술·과학·기술 세 가지 요소의 균형과 조합에 따라 크게 달라진다는 점이다.

그런데 이상하지 않은가? 민츠버그의 주장은 듣고 보면 너무나 당연해서 굳이 지적할 부분이 없는 것 같다. 그럼에도 불구하고 대부분의 기업에서는 실제로 예술을 소홀히 하고, 과학과 기술을 바탕으로 한 경영을 하고 있다. 이는 바로 '예술' 대 '과학과 기술'의 어카운터빌리티accountability(설명 책임. 개인·조직·시스템에 책임이 부여된 활동

---

* MBA 커리큘럼의 시비에 관한 고찰은 이 책의 취지와는 다르기 때문에 여기에서는 다루지 않기로 한다.

의 결정에 대해 기록하고 설명하고 정당화할 수 있는 능력) **격차 때문이다.**

　　　　　　　　　　　　　　　　　예술이 참패할 수밖에 없는 이유

민츠버그의 지적을 대부분의 기업에서 실천하지 못하는 이유는 무엇일까?

그것은 예술이 과학이나 기술을 상대로 자기주장을 내세울 경우, 반드시 과학과 기술이 승리를 거두기 때문이다. 과학과 기술은 매우 이해하기 쉬운 어카운터빌리티를 갖추고 있는 한편, 예술은 어카운터빌리티를 갖출 수 없기 때문이다.

즉, 어떤 의사결정을 할 때 예술과 과학의 주장이 부딪히면 과학 쪽이 예술 쪽을 비판하기는 쉽지만, 예술 쪽이 과학 쪽을 비판하기는 매우 어렵다. "왠지는 모르겠지만 이쪽이 아름다우니까"라는 이유로 주장을 전개하는 예술 쪽에 대해 재무를 비롯한 정량적 분석 결과를 방패로 내세우면서 주장을 전개하는 과학 쪽이 대등한 입장에서 싸운다면 승부는 눈에 보이듯 뻔하다. 답은 당연히 예술 쪽의 패배다.

예술 대 기술의 구도는 어떨까? 이쪽 역시 결과는 같다. 과거의 실적에 바탕을 두고 "이것은 바람직하지 않습니다"라고 반론을 펴는 경험이 풍부한 기술 쪽과 "이것은 아름답습니다"라고 주장하는 예술 쪽이 대등한 입장에서 싸운다면 역시 예술 쪽이 패배한다.

덧붙여 과학과 기술이 서로의 주장을 펴면서 싸울 때는 어떻게 될까? 대부분의 경우 이것은 매우 건설적인 논의가 된다. 과거의 실적에 바탕을 두고 주장을 전개하는 기술 쪽과 사실과 논리를 방패로 내세우고 "그건 이해할 수 없습니다"라고 공격하는 과학 쪽의 승패는 좀처럼 결정이 나지 않는다.

덧붙여 이 구도는 오랜 세월 현장 경험으로 단련된 간부와 외부에서 영입해온 컨설턴트 사이에서 자주 발생하는 논쟁과 비슷하다. 어느 쪽이 승리를 거두는가 하는 것은 상황에 따라 다르지만 중요한 점은 쌍방이 비슷한 수준의 비판력, 즉 어카운터빌리티를 갖추고 있다는 것이다.

따라서 현재의 기업 조직에서는 삼자가 대등한 입장에서 싸울 경우, 반드시 예술이 패한다. 이것이 삼자의 균형이 중요하다고 생각하면서도 결국은 과학과 기술 쪽으로 의사결정의 중심이 편중되는 가장 큰 요인이다.

이 문제는 최종적으로 자본 시장의 어카운터빌리티 문제에 다다른다. 현재의 기업은 어카운터빌리티를 요구한다. 어카운터빌리티는 "왜 그렇게 했는가?" 하는 이유를 나중에 분명하게 설명하는 것이다. 결국 예술, 과학, 기술을 나란히 늘어놓았을 때, 나중에 설명을 할 수 있는 쪽은 압도적으로 과학과 기술이다.

> **과학**: 다양한 정보를 분석한 결과, 그런 의사결정을 내렸습니다.
> **기술**: 과거의 실패 경험을 참조한 결과, 그런 의사결정을 내렸습니다.

하지만 예술에 바탕을 두고 의사결정을 하면 나중에 설명을 하기가 매우 어렵다.

> **예술**: 왠지는 모르겠지만 그냥 이 방법이 좋을 것 같다는 생각에 그런 의사결정을 내렸습니다.

과거의 의사결정에 대해 이런 설명을 했을 때 "아, 그렇군" 하고 납득해주는 사람은 스티브 잡스 정도밖에 없을 것이다. 실적도 없는 경영자가 주주총회에서 이런 설명을 한다면 그 자리에서 해임을 논의할 것이다.

이것을 다른 각도로 보면, 어카운터빌리티란 천재를 부정하는 시스템이라고 말할 수 있다. 미국과 일본에서 오랜 시간 활약해온 프로 야구선수 스즈키 이치로鈴木一郎는 통산 안타 수에서 세계기록을 달성했을 때 다음과 같은 말을 남겼다.

> 저는 천재가 아닙니다. 그 이유는 제가 어떻게 하면 안타를 잘 칠 수 있는지 설명할 수 있기 때문입니다.

이치로 선수는 자신이 안타를 칠 수 있었던 이유, 칠 수 없었던 이유에 대해서 합리적으로 설명할 수 있다. 이것은 자신의 타격에 대해 어카운터빌리티를 갖고 있다는 뜻이다. 그리고 이 어카운터빌리티 때문에 자신이 천재가 아님을 증명한다.

그렇다면 천재는 어떨까?

천재는 어카운터빌리티를 가질 수 없다. 자신이 안타를 칠 수 있었던 이유, 칠 수 없었던 이유에 대해 합리적으로 설명할 수 없다. 천재 타자로 불렸던 나가시마 시게오長嶋茂雄(요미우리 자이언츠의 선수 시절, 최우수선수·수위타자·홈런왕에 각각 5·6·2회 선정됨)는 지도 방식이 매우 어렵기로 유명했다. "공이 스윽 날아오면 허리를 맞춰가는 거야"라는 식으로, 도저히 알아듣기 어려운 말을 해서 선수들을 당황하게 만들었다는 일화가 많이 남아 있다.

이것은 곧 '언어화할 수 있는가' 하는 문제이며 '재현성이 있는가' 하는 문제이기도 하다. 이치로 선수는 자신이 안타를 칠 수 있었던 이유를 언어화할 수 있기 때문에 재현할 수 있는 것이다. 그리고 이 두 가지는 과학 세계에서 매우 중요한 요건이다.

'언어화할 수 있다' '재현할 수 있다'는 어카운터빌리티의 요건이며, 나아가 과학의 요체이기도 하다. 그러나 이치로 선수의 말을 빌리면, 이 두 가지는 '천재가 아니다'라는 증명이기도 하다. 다시 말해 기업에서 이 두 가지를 어카운터빌리티의 조건으로서 요구한다면 그 조직은 내부에 천재를 육성할 수 없다는 뜻이다.

하지만 천재의 존재를 허용할 수 있는 조직과 전혀 허용할 수 없는 조직을 나란히 늘어놓고 봤을 때, 긴 시간이 흐르면 양쪽에는 엄청난 차이가 발생한다. 그 구도는 그대로 혁신적인 서비스와 신상품을 잇달아 출시하는 애플이나 구글 등 미국의 신흥 기업과 그 기업과의 경쟁에서 패해 뒤따라가는 형세를 보이는 여타 기업들의 대비로 빗대어 설명할 수 있다.

쿡패드 창업자가 경영진의 총교체를
선포한 까닭

2016년 3월 쿡패드Cookpad(일본 최대 요리 레서피 사이트)의 창업자가 현 사장을 신임할 수 없다면서 경영진의 총교체를 요구해 세상의 이목을 모았다. 이 소동에 관해서는 많은 논객과 식자 들이 코멘트를 내놓았는데, 대부분은 창업자인 사노 아키미쓰佐野陽光가 지나쳤다고 끝을 맺었다.

그러나 이 소동을 그렇게 가볍게 정리하기에는 아깝다.

나는 쿡패드 소동이, 기업관리에 있어 예술과 과학의 힘의 균형이라는 문제를 매우 이해하기 쉽게 보여준 사례라고 생각한다.

쿡패드의 창업자는 원래 '풍요로운 식생활'에 대한 애착이 매우 강한 사람이다. 쿡패드 서비스도 지극히 일반적인 사람들을 위해 큰돈을 들이지 않고 풍요로운 식생활을 실현해준다는, 매우 이해하기 쉬운 미션을 내걸고 시작했다. 즉, 창업자에게 음식은 일종의 로망이었다.

한편, 창업자에게서 경영권을 건네받은 아키타 요시테루亀田繁輝는 벤처캐피털리스트로 음식에 특별히 강한 애착을 지닌 사람은 아니다. 그는 경영, 그것도 과학을 담당하는 전문가로서 뜨거운 로망보다는 냉정한 계산 쪽을 우선하는 사람이다. 그에게 창업자는 미국에서의 레서피 사업을 총괄한다는 입장에서 경영 팀의 한 명일 뿐이다.

한편 쿡패드는 상장 기업이다. 상장 기업인 이상, 주주의 기대에 부응하는 성장을 실현해 기업의 가치를 향상시켜야 한다. 그래서 경영자는 기대에 부응하기 위해 음식과는 전혀 관련이 없는 분야에서 M&A를 반복했다. 반면 음식 사업에는 적극적인 투자를 하지 않았다. 과학에 버팀목을 두고 생각하면 투자 대비 효과가 가장 높은 영역에 투자를 집중하는 것이 당연하다. 여기에서 예술과 과학의 상극이라는 문제가 발생한다.

자신이 경영자라면 예술을 축으로 '음식에 대한 로망'을 추구하는 경영을 할 수 있을 것이다. 그러나 쿡패드의 관리구조는 과학을 담당하는 아키타가 경영자이고, 예술을 담당하는 사노가 보조를 하는 형식이다. 이 구조에서는 반드시 어카운터빌리티의 격차라는 문제가 발생하게 되며 예술 쪽은 열세에 몰린다.

창업자인 자신이 추구하는 음식 비즈니스에 좀처럼 투자를 하지 않는 경영자에게 화가 난 사노는 결국 의결권의 40% 이상을 움켜쥐고 있는 대주주라는 입장에서 경영자의 해임 및 이사진의 총교체라는 요구를 하는 상황에 이른 것이다.

예술을 담당하는 창업자가 회사를 육성하는 과정에서 과학을 담당하는 프로 경영자를 고용해 한동안은 밀월 관계가 이어지다가, 이윽고 과학 쪽으로 회사가 편중되는 구도. 이런 결과는 애플의 스티브 잡스와 존 스컬리John Sculley의 관계를 굳이 인용하지 않더라도 흔히 볼 수 있는 일이다.

어카운터빌리티는 절대적 선善인 것마냥 여겨지지만, '리더십의 포기'라는 부정적인 문제를 잉태한다. 의사결정의 이유에 대해 정량적이고 합리적인 설명만 할 수 있으면, 그것이 결과적으로 잘못되었다고 해도 "그때는 그 판단이 합리적이었습니다"라는 변명으로 이용할 수 있기 때문이다.

결과적으로 의사결정을 하는 리더의 개인적인 미의식이나 감성은 발동할 수 없고, 나중에 책임을 져야 할 때 변명을 할 수 있는가 없는가를 기준으로 의사결정이 이루어진다. 이것은 리더십의 포기라고 말할 수밖에 없다. 어카운터빌리티라는 '책임 시스템'이 오히려 의사결정자가 '책임을 회피하는 방편'이 되는 모순된 상황이 벌어지는 것이다.

나는 오랜 세월 '이노베이션innovation을 일으키는 조직과 개인'에 관한 연구를 해왔는데, 그 과정에서 한 가지 깨달은 것이 있다. 획기적인 이노베이션이 일어나는 과정에서는 자주 '논리와 이성'을 초월하는 의사결정, 즉 비논리성이 아니라 '초논리성'이라 말할 수 있는 의사결정이 이루어진다는 것이다.

구글이 현재 자신에게 커다란 수익을 안겨주고 있는 유튜브를 인수할 당시, 평론가들은 "거액의 인수 비용을 회수할 정도의 비즈니스로 육성할 수 있는가?" 하는 의문을 던졌다. 평론가들의 지적은 당연한 것이었고, 이른바 '논리적이고 이성적'이었다. 그에 대한 구글의 답변은 매우 간단했다. "구글의 미션은 전 세계의 정보를 정리하는 것이며 동영상은 매우 귀중한 정보다." 수익성이나 사업성에 관한 전망은 거의 언급하지 않았다.

구글은 현재 전 세계 도서관과 협력해 장서를 모두 디지털화하는 '구글 북스 라이브러리 프로젝트Google Books Library Project'를 추진하고 있는데, 이 역시 구체적인 비즈니스 모델을 그릴 수 있는 대상이 아니다.

오랜 세월 구글의 CEO를 지낸 에릭 슈미트Eric E. Schmidt는 구글의 경영에 관해 이렇게 말했다.

어떤 경영 수법이 도움이 될지 알 수 없다. 알 수 있는 것은 지금까지의 경영 이론은 이 세상에서는 도움이 되지 않는다는 것뿐이다.

그들은 이른바 무도武道에서의 수守·파破·리離 중에 '파'와 '리'를 경영에서 실천하는 것과 같다('수'는 스승의 가르침을 지킨다는 의미, '파'는 스승의 가르침을 깨뜨린다는 뜻으로 스승에게 배운 원칙과 기본기를 자신의 몸에 맞게 창조하는 단계, '리'는 스승에게 배운 어떤 것에도 얽매이지 않고 자신만의 새로운 무예의 세계를 만들어가는 단계를 말함).

만약 경영자나 리더가 이론대로 논리적이면서 이성적으로 경영을 한다면 그들이 하는 일은 과연 어떻게 될까?

경영에서 의사결정이 철두철미하고 논리적·이성적으로 이루어져야 한다면, 그것이야말로 경영 콘셉트와 비즈니스 케이스를 대량으로 기록한 인공지능에게 맡기면 된다. 틀림없이 냉철한 계산을 통해 합리적인 해답을 도출해줄 것이다.

하지만 그런 의사결정에는 인간의 미의식이나 직감이 들어갈 여지는 없다. 그런 건조한 계산을 바탕으로 이루어지는 경영에서 사람의 마음을 설레게 하는 비전이나 창조성을 크게 꽃피울 수 있는 이노베이션이 탄생할 수 있을까?

애플은 어떻게 '예술'을
'경쟁력'으로 바꿨나

현재 대부분의 기업이 직면한 상황을 세 가지로 정리할 수 있다.

첫째는 '어카운터빌리티의 격차'다. 예술과 과학과 기술을 나란히 늘어놓으면, 어카운터빌리티의 격차가 반드시 생겨나고 예술은 과학과 기술에 뒤처지게 된다.

둘째는 과학과 기술에 버팀목을 두고 어카운터빌리티를 지나치게 중시한 결과, 조직에서 천재를 육성할 여유가 사라지고 있다는 점이다.

마지막으로 논리적·이성적인 답을 훈련하면 시간차는 있을지 몰라도 누구나 정답에 도달할 수 있기 때문에 그 시장은 이윽고 경합이 난립하는 레드오션이 된다. 그곳에서 싸우려면 오직 속도와 비용을 무기로 직원들을 지치게 만드는 수밖에 없다.

따라서 예술·과학·기술을 어떤 식으로 우선순위를 매겨 균형을 잡을 것인가 하는 문제가 대두된다.

이 문제를 해결하는 방법은 한 가지밖에 없다.

경영자가 예술을 담당하고, 좌우의 두 날개가 과학과 기술로 보조해 힘의 균형을 잡는 것이다. 흔히 기업의 경영을 PDCA 사이클이라고 말하는데, 'Plan'을 예술형 인재가, 'Do'를 기술형 인재가, 'Check'를 과학형 인재가 실행하는 방법이 한 가지 모델이 될 수 있다.

또한 이 틀을 회사의 포지션에 대입하면 다음과 같이 적용해

볼 수 있다. 'Plan'을 CEO의 역할, 'Do'를 COO_{Chief Operating Officer}(최고 운영 책임자)의 역할, 'Check'를 CFO_{Chief Financial Officer}(최고 재무 책임자)의 역할이라고 생각하는 것이다. 예술형 CEO가 커다란 비전이나 꿈을 세우고, 기술형 COO가 그것을 실행 계획에 넣고, 과학형 CFO가 실행할 때의 리스크나 성과를 정량화해 점검하는 구조를 만들 수있다.

보기 드문 혁신을 이룬 기업 대부분은 이런 관리구조를 갖고 있었다는 사실을 우리는 잘 알고 있다.

끊임없이 혁신적인 비전을 제시하는 동생 월트 디즈니_{Walt E. Disney}와 은행원 출신이라는 경력을 살려 재무와 법적인 면에서 지원을 한 형 로이 디즈니_{Roy O. Disney}, 두 사람이 창업한 월트디즈니가 그 전형적 예다.

1980년대 애플의 급성장을 이끈 스티브 잡스와 존 스컬리의 조합도 예술로 견인한 경영자와 과학과 기술을 이용해서 지원한 측근의 구조로 이해할 수 있다.

소프트뱅크를 성장시킨 손정의_{孫正義}와 노무라증권 출신의 기타오 요시타카_{北尾吉孝}의 조합 역시 그런 사례 중의 하나로 다룰 수 있을 것이다.

이 모든 기업의 공통점은, 강렬한 비전을 내걸고 예술로 조직을 견인하는 경영자를 과학과 기술이라는 측면에서 강점을 지닌 측근들이 지원해온 구조였다는 점이다. 카리스마 경영자가 존재하는가에 따라 경영의 질이 완전히 바뀐 것이라고 말한다면 이해하기야 쉽겠지만, 그러나 경영은 그렇게 단순한 행위가 아니다. 중요한 것은 예술·과학·기술의 균형과 경영진의 역할 분담과 권한이 확고하게 정합되어 있는가 하는 점이다.

애플은 예술을 맡았던 잡스가 떠나고 존 스컬리가 전권을 움켜쥔 뒤에 비전을 잃고 방황하기 시작했다. 월터 아이작슨Walter Isaacson이 쓴 잡스의 전기 《스티브 잡스》에는 잡스를 자리에서 쫓아낸 애플에 대해 다음과 같은 글이 적혀 있다.

잡스가 사임하자 애플의 주가는 7% 가까이, 거의 1포인트나 상승했다. 기술 계통 기업의 주식 정보지에서는 이 움직임에 대해, "동해안의 주주들은, 캘리포니아의 기인츄人이 애플을 경영하고 있다는 점에 우려를 느끼고 있었다. 이번에 워즈니악Steve Wozniak도, 잡스도 회사를 떠나면서 그런 주주들이 안심하게 된 것이다"라고 보도했다. 한편 10년 정도 전, 멘토로서 잡스를 재미있는 사람으로 봤던 아타리Atari(미국의 비디오 게임 회사)의 창업자 놀란 부쉬넬Nolan Bushnell은 타임지와의 취재에서 잡스가 애플을 떠난 것은 엄청난 손실이라고 답했다.

"앞으로 애플은 어디에서 영감을 얻을 수 있겠습니까. 펩시의 새로운 브랜드라는 명칭(존 스컬리가 펩시의 CEO였다는 점을 들어 비꼬아 한 말)이라도 붙여야 할까요?"

애플의 경영 실적과 경영진의 멤버 구성은 우리에게 경영에서의 예술·과학·기술의 균형이 얼마나 중요한 것인가 하는 점에서 커다란 시사를 준다.

◉　　　　　　　 예술이 이끌고 과학과 기술이 뒤따르는

지금까지 건전한 경영을 하려면 예술·과학·기술의 균형이 매우 중요하다는 점, 그 세 가지를 같은 열에 놓는 것이 아니라 예술을 우위에 놓고 과학과 기술이 그 보조를 해야 한다고 서술했다. 그렇다면 비즈니스 퍼슨은 이제부터라도 그림 붓을 들어야 하는 것일까?

그럴 마음이 있다면 말리지는 않겠다. 20세기 역사에서 가장 강력한 리더십을 발휘한 두 명의 정치가, 윈스턴 처칠Winston L. S. Churchill과 아돌프 히틀러Adolf Hitler가 상당한 수준의 화가였다는 점은 우연이 아니다.

그림을 그리는 행위는 리더에게 요구되는 다양한 인식 능력을 높여주며, 실제로 예술적인 취미 활동을 하는 사람일수록 지적 성과가 높다는 통계 결과도 있다. 이 점은 뒤에서 다시 언급하기로 하고 여기에서는 경영에서의 '예술 담당자'를 어떻게 육성하고 배치해야 하는가 하는 문제에 대해 고찰해보기로 한다.

'높은 미의식'을 경쟁력으로 적절하게 활용하는 기업의 관리 체계를 살펴보면, '최고경영자가 예술 담당자'인 구조다. 그리고 그 구조에는 두 가지 형태가 있다.

하나는 일찍이 애플로 대표되는 '최고경영자 = 예술 담당자'라는 관리 형태다. 스티브 잡스는 제품의 디자인에서 광고 커뮤니케이션 메시지나 표현, 나아가 인쇄된 포스터의 분위기 등 세밀한 부분까지 확인하고 손질을 가하며 애플이라는 회사의 미적 측면을 책임진 이른바 CEO 겸 크리에이티브 디렉터creative director였다.

또 하나는, 거대한 권력을 움켜쥔 최고경영자가 직접 권한을 이양하는 형태로 예술 담당자를 지명하는 관리구조다. 여기에서의 포인트는 CEO가 이른바 직할령의 형식으로 예술 담당자를 지명함으로써 과학이나 기술과의 힘 격차를 줄이고 균형을 잡는다는 권력구조다. 통상적인 기업 형태에 익숙한 사람에게는 기이하게 비칠지도 모르지만, 이는 샤넬 등 고급 브랜드의 경영에서는 지극히 일반적인 관리 형태다.

예술 - 과학 - 기술의 트라이앵글

예술·과학·기술의 균형에서 참고가 되는 것은 '와비차侘び茶(일본 다도의 중심 사상)'를 완성한 센노 리큐千利休(1522~1591, 일본 다도를 정립한 승려이자 정치가)와 오다 노부나가織田信長, 도요토미 히데요시豊臣秀吉의 관계다. 이들의 삼자 관계는 오늘날 조직에서 미의식을 어떻게 다루어야 하는지 그 기준이 될 수 있다.

나는 센노 리큐를 일본 최초의 크리에이티브 오피서라고 생각한다. 센노 리큐는 역사상 처음으로 '방향은 제시하지만 기술은 구사하지 않는 사람'이었다.

동서양을 막론하고 미적인 결과물을 낳은 인물들 대부분은 그들 자신이 창작자이자 제작자였다. 미켈란젤로나 피카소는 말할 필요도 없고, 예술가라기보다는 프로듀서였다고 할 수 있는 게이하慶派(헤이안시대 말기부터 에도시대에 걸쳐 불상 제작을 담당한 일파)의 운케이運慶(헤이안시대 말기부터 가마쿠라시대 초기에 걸쳐 활동한 불상 제작자)나 가이케이快慶(가마쿠라시대에 활동한 불상 제작자)도 조각가로서의 높은 재능을 갖췄으며 많은 기술자를 보유하고 있었다.

하지만 센노 리큐는 그렇지 않았다.

그가 제작에 관여했다고 알려진 결과물은 지금도 많이 남아 있는데, 그중에서 리큐가 직접 제작한 것은 자샤쿠茶杓(녹차를 뜰 때 사용하는 숟가락)나 하나이레花入(차를 마실 때 탁자에 장식하는 꽃을 담는 그릇) 정도밖에 없다.

다실이나 정원은 물론이고 다도와 관련된 도구인 풍로와 솥,

물주전자나 숯을 담는 그릇, 가루차를 담는 그릇이나 엽차 용기, 공기 등은 기술자에게 콘셉트를 전달하고 제작을 주문했다. 즉, 크리에이티브 디렉터의 입장을 철저히 지킨 것이다.

나는 일전에 리큐가 기술자에게 지시를 내리기 위해 작성한 도면을 본 적이 있다. 옻칠을 한 들통에 다리를 다는 방법이나 뚜껑을 층을 두고 설치해서 틈이 없도록 만들어 안을 들여다볼 수 없게 하는 등, 실로 세밀한 지시를 내리고 있었다.

리큐는 굳이 표현한다면, CEO에 해당하는 노부나가나 히데요시가 지배하는 사회의 미적 영역을 담당하는 책임자, 이른바 CCO Chief Creative Officer(최고 크리에이티브 책임자)를 맡았다고 할 수 있다. 노부나가나 히데요시는 자신들의 권력으로 리큐를 보호하면서 그의 재능을 자신들이 지배하는 사회의 문화에 반영시켜 그 영향력을 높이려 했다.

리큐가 대단한 점은 와비侘び(일본 다도의 근본이념으로, 한적한 정취와 소박하고 차분한 멋을 뜻함)라는 매우 추상적인 미적 감각을 보통은 예술 미디어라고 생각할 수 없었던 다실이나 찻잔 등의 구체적인 도구에 적용시켰다는 점이다.

더구나 그것을 직접 제작자로서 기술을 구사한 것이 아니라, 크리에이티브 디렉터라는 입장에서 기술자를 활용해 제작했다는 점이나.

물론, 근대 이후의 일본 역사를 돌이켜보면 다양한 개념미술 conceptual art(완성된 작품 자체보다 아이디어나 과정을 예술이라고 생각하는 새로운 미술 제작 태도)은 존재하지만, 그 대부분은 예술가가 직접 제작했거나 콘셉트 그 자체도 개별 작품에 따라 설정되는 일회성들이었다.

한편, 리큐는 와비차라는 미의식을 콘셉트의 중심에 두고, 그것에서 벗어나는 일 없이 건축이나 다도의 도구뿐만 아니라 서화나 나아가 식물과 정원에도 확산시켜 제작했다. 평범한 예술가가 이런 행위를 했다면 비참한 결과를 낳았겠지만, 리큐의 경우에는 오히려 그 범위를 확대할수록 세계관이나 콘셉트의 중심이 명확하게 부각되었다.

이런 재능을 가진 인물을 노부나가와 히데요시는 이른바 스폰서의 입장에서 지원했고, 다른 한편으로는 기술자들이 뒷받침을 해주었다.

노부나가와 히데요시, 두 권력자와 리큐의 관계가 어떠했는지는 정확히 알 수 없다. 마지막에 히데요시가 리큐에게 할복을 명령하는데, 그 이유에 대해서도 여러 설이 있지만 정확하지는 않다. 그 부분이 분명하다면 CEO와 CCO의 관계에 대해 나름의 시사를 얻을 수 있었을 텐데 아쉬운 부분이다.

중요한 점은 노부나가와 히데요시가 측근만으로 주변을 굳히는 다른 무장들과는 달리 예술 담당자인 리큐를 중시했다는 것이다. 특히 히데요시는 예술적 측면에서는 리큐를, 과학적 측면에서는 이부동생인 도요토미 히데나가豊臣秀長를 중용해 정권 내부에서의 의사결정의 질을 높은 수준으로 유지했다.

이 '히데요시-리큐-히데나가'라는 트라이앵글은 아마 위험할 정도로 절묘하고 미묘한 균형을 이루었을 것이다. 히데나가가 병이 들어 사망하자 그 한 달 후 리큐는 할복을 명령받고 세상을 떴다. 그 후 히데요시는 조선 출병을 감행해 많은 다이묘를 지치게 만들었고, 후계자인 도요토미 히데쓰구豊臣秀次 일족을 학살하는 등 명백히 균형을 잃은 의사결정을 연발해 자신의 정권을 서서히 붕괴시킨다.

조직에서 의사결정의 품질은 리더의 역량으로만 결정되는 것이 아니다. 일종의 시스템으로서 기능한다.

유능한 인재를 하부 조직에 적절히 배치할 수 있으면 그 시스템은 질 높은 의사결정을 할 수 있다.

한편으로 그것은 리더의 역량이 바뀌지 않더라도 시스템으로서의 균형이 무너지면 의사결정의 질 역시 훼손될 위험성이 크다는 뜻이다.

이런 점을 지금의 경영 현장에 비추면 CEO와 CCO의 관계에 대한 시사를 얻을 수 있다.

유니클로를 소유하고 있는 패스트 리테일링 Fast Retailing(유니클로를 자회사로 둔 일본 의류무역 전문 업체)을 보자. 패스트 리테일링에서는 야나이 다다시 柳井正 사장이 거대한 권력을 쥔 채 일인자로서 경영을 하고, 예술적 측면에서는 크리에이티브 디렉터 존 제이 John Jay와 디자이너 사토 가시와 佐藤可士和를 기용해 권한을 위임하고 있다. 즉, 패스트 리테일링에서는 '어카운터빌리티의 격차'를 해소하기 위해 거대한 권력을 가진 CEO 야나이 다다시가 스스로 '이 사람'이라고 확신한 일류 크리에이티브 디렉터에게 직접 권한을 이양하는 구조, 이른바 '예술 관리'를 형성하고 있다.

마찬가지 구도는 무인양품 無印良品 브랜드를 소유하고 있는 주식회사 양품계획 良品計画에서도 엿볼 수 있다. 무인양품의 프로덕트 디자이너 후카사와 나오토 深澤直人는 회장 가나이 마사아키 金井政明가 직접 의뢰를 맡기는 외부 조언자로서, 그는 무인양품의 디자인 선정이나 프로토타입 prototype(본격적인 개발에 앞서 검증을 위해 제작하는 시제품) 평가에 크게 관여하고 있다. 무인양품의 제품을 보면 가구에서 잡화, 나아가 화장품에 이르기까지 일관된 디자인 콘셉트를 유지하는데, 그것은 개인 디자이너의 역량도 있지만 이런 경영관리 구조의 영향이 크다.

여기에서도 마찬가지로, 어카운터빌리티의 격차 때문에 자칫 소홀해지기 쉬운 예술을 권력자가 이른바 스폰서가 되어 지원해 주고 있다.

유니클로도 무인양품도 현재 세계적으로 높은 경쟁력을 갖추고 있다. 그 경쟁력의 커다란 요인 중의 하나가 디자인이라는 점은 거론할 필요도 없다. 그리고 이 디자인에서의 경쟁력은 디자이너 개인의 역량도 있겠지만, 의사결정에서의 예술·과학·기술의 적절한 균형을 유지하고 경영하는 관리구조에 있다는 점을 잊지 말아야 한다.

경영자는 왜 디자이너에게 조언을 구할까?

경영자에게 조언을 하는 일이라고 하면 일반적으로 경영 컨설턴트를 가장 먼저 떠올릴 것이다. 그러나 최근 들어 수많은 기업 경영자들이 컨설턴트가 아닌 디자이너와 크리에이터를 경영 전반에 관한 조언자로 기용하고 있다.

디자인과 경영의 접점은 로고 마크나 프로덕트 디자인 정도라고 생각할 것이다. 그러나 나는 디자인과 경영에는 본질적인 공통점이 있다고 생각한다. 이 본질적인 공통점이 있기에 디자인과 창조 분야에서의 일인자가 경영자에게 부가가치 높은 조언을 할 수 있는 것이다. 그렇다면 양쪽에 공통되는 '본질'은 무엇일까?

한마디로 말하면 '에센스를 추출하고 나머지는 버린다'는 것이다. 그 에센스를 시각적으로 표현하면 디자인이 되고, 문장으로 표현하면 카피가 되며, 경영의 문맥으로 표현하면 비전이나 전략이 된다. 완성된 성과물의 호칭은 다르지만, 지적 생산 과정에서 사용되는 사고방식은 매우 흡사하다. 디자이너나 크리에이터는 자신이 디자인과 카피에서 표현하는 에센스를 찾는 것과 같은 사고 과정을 활용해 경영자와 대화하고, 그 기업의 전략과 비전을 조언한다.

이런 '본질의 공통성'을 명확하게 파악하려면, 경영이라는 행위의 본질이 '선택과 사상捨象(버림)'이라는 점을 분명하게 이해해야 한다. 흔히 '선택과 집중'이라는 말을 하는데, 이는 동의어를 반복하는 것일 뿐이다. 선택한 대상에 집중하는 것은 당연한 행위이기에 굳이 강조할 필요가 없다. 중요한 것은 '선택'을 했으면 나머지는 '버린다'는 것이다.

2010년 일본 대표 항공사 JAL항공의 도산 이후, 이를 회생시키는 데 중심 역할을 한 주식회사 IGPI Industrial Growth Platform, Inc.의 CEO 도야마 카즈히코 富山和彦는 그 이름도 상징적인 《선택과 사상 選択と捨象》이라는 저서에서 강한 회사는 선택을 잘하는 것이 아니라 버리는 일을 잘한다고 적었다.

대부분의 사람들은 '우수한 의사결정'은 '우수한 안건을 선택하는 것'이라고 생각한다. 그러나 실제로는 반대다. 우수한 의사결정의 본질은, 언뜻 보면 모두 우수한 것처럼 보이는 많은 안건을 정리해서 냉정하게 버리는 데 있다. 이 '냉정하게 버린다'는 점은 디자인이나 창조 분야에서도 본질적인 중요성을 지닌다.

무엇을 하지 말아야 할 것인지 결정하는 것은 무엇을 할 것인지를 결정하는 것과 마찬가지로 중요하다. 회사도 제품도 그렇다.

스티브 잡스

무모한 수치를 던지고 채찍질하는
최악의 경영

나는 지속적으로 발생하는 대기업의 법률 위반과 노동문제의 뿌리에는 경영에서의 '지나친 과학 중시'가 연관되어 있다고 생각한다.

경영에서 지나치게 논리와 이성을 중시해서 의사결정을 하면, 반드시 차별화 문제에 부딪히게 되며 시장은 적화赤化된다. 그런 시장에서 기업은 살아남기 위해 통치나 운영을 그대로 유지한 채로 수치 목표를 설정한 후, 마치 말에게 채찍질을 하듯 현장을 닦달한다.

물론 단기간이라면 근성만을 무기 삼아 싸우는 스타일로도 어느 정도 성과는 올릴 수 있다. 그러나 성장하고 있는 시장이라면 몰라도 성숙한 시장에서 이런 스타일로 싸우다 보면 언젠가는 한계에 이른다. 새로운 비전과 전략은 제시하지 않고 성실하고 우직한 사람들에게 높은 목표치를 부과해 지속적으로 성과를 올리라는 요구를 하면 종착지는 하나밖에 없다. 부정不正이다.

나는 2015년에 블로그를 통해 이렇게 예언한 바 있다.

무모한 수치의 목표를 던지고 현장을 닦달하는 것밖에 모르는 경영진이 이끄는 대부분의 일본 기업에서 앞으로 법률 위반 사례가 속출할 것이다.

그 후 이 예언은 유감스럽게도 적중했다. 도시바의 분식회계를 시작으로, 미쓰비시모터스의 연비 데이터 조작, 덴쓰Dentsu(일본

^{의 광고 회사)}의 광고비 과다 청구 등 대기업의 법률 위반 사례가 끊이지 않았다.

업계도 다르고 규모도 다른 기업들이지만, 효과적인 경영전략을 제시하지 못하는 경영진이 무리한 목표를 설정하고 그 목표를 달성하라고 현장을 닦달한 결과, 결국 부정한 일에 손을 대게 되었다는 점은 동일하다.

기본적으로 경영진의 가장 중요한 업무는, 경영이라는 게임의 전략을 짜거나 게임의 규칙을 바꾸는 것이다. 이렇게 난이도 높은 행위에서는 예술·과학·기술의 가장 적절한 균형이 이루어져야 한다. 한편 이런 법률 위반 행위를 저지른 기업은 사업구조가 크게 바뀌었음에도 과거의 성공 모델에 얽매인 채 새로운 전략이나 비전을 제시하지 못한다는 점에서 공통적이다.

나는 2008년에 《구글을 이기는 광고 모델 ^{グーグルに勝つ広告モデル}》*에서 다음과 같이 지적했다.

광고 거래의 주체가 매스미디어 광고에서 인터넷으로 이행되면 거래비용의 비대화라는 문제가 반드시 발생할 것이며, 이것은 최종적으로 현장의 피폐와 수익성 악화라는 이중 문제를 초래할 것이다.

---

* 나는 이 책을 오카모토 이치로^{岡本一郎}라는 이름으로 출간했다.

그로부터 이미 10년이 지났지만, 적어도 광고대리점 업계는 이 문제를 근본적으로 해결하기 위한 올바른 전략을 제시하지 못하고 있다. 그 결과 내가 10년 전에 지적한 '현장의 피폐'와 '수익성 악화'라는 문제가 크게 대두되고 있다.

2015년 12월, 덴쓰의 신입사원이 지나친 업무 부담을 견디지 못해 자살하는 가슴 아픈 사건이 발생했다. 조직론 전문가의 입장에서 국소적으로 이 사건의 원인을 생각한다면, 업무량을 적절히 관리하지 못한 직속 관리직의 책임이라고 말할 수 있다. 하지만 이 문제는 그렇게 단순하지 않다. 그 안에는 구조적 요인, 즉 '광고 거래 한 건당의 수익성 저하를 건수의 증가로 보완하려고 하는' 기본적인 경영전략의 파탄에 있다.

당연히 덴쓰에만 한정된 이야기가 아니다. 노동문제나 분식결산 등의 법률 위반 행위를 저질러 세상을 놀라게 한 기업들에는 한 가지 공통 항목이 있다. 기존 사업의 틀을 전제로 삼아 KPI를 설정하고 오직 현장을 닦달하기만 하는, 이른바 '과학적 매니지먼트'로 지나치게 기울어져 있다는 점이다.

지금은 세상의 지탄을 받고 있는 도시바이지만, 몇 년 전까지만 해도 도시바는 매스컴마다 KPI에 바탕을 둔 경영관리와 지명위원회 도입으로 '기업 통치의 우등생'이라는 칭찬을 받았다. 과거의 엔론Enron(2001년 파산한 미국의 에너지 회사)도 마찬가지다. 대규모 부정에 손을 대 파멸에 이른 기업 대부분은 그 직전까지 '과학적 경영 관리'로 칭찬을 받은 조직이었다.

더 이상 과학에만 입각해서는 사업구조를 전환하거나 새로운 경영비전을 제시할 수 없다.

불확실성이 높은 의사결정에 대해서는 어느 정도 논리적인 정확도는 제쳐두고 "근본적으로 무엇을 하고 싶은가?" "이 세상을 어떻게 바꾸고 싶은가?" 하는 미션과 비전에 바탕을 둔 의사결정을 해야 할 필요가 있다. 그렇게 하려면 경영자의 직감과 감성, 바꿔 말하면 '미의식'에 바탕을 둔 중대한 의사결정이 필요하다.

직감은 어떻게
단련되는가

대부분의 사람들은 '직감'처럼 감정적인 부분에 의지하는 것을 '위험하다'고 생각한다. 그보다는 '역시 치밀하게 사고를 거듭해서 논리적으로 의사결정을 해야 한다'고 생각한다. 이는 결국 '치밀하고 논리적인 사고를 거듭해서 만들어내는 방식'과 '직감적이고 감정적인 착상으로 만들어내는 방식' 중에서 어느 쪽이 효과적인가 하는 문제다. 이것은 단적으로 해답을 이끌어낼 수 있는 문제는 아니지만 고찰의 재료로서 한 가지 실험 결과를 공유하고 싶다.

네덜란드의 연구가 아드리안 더 흐로트Adrian de Groot는 세계체스선수권대회의 선수들과 거리의 체스클럽 단골손님(아마추어로서는 나름대로 수준이 높은 사람들) 이렇게 두 그룹으로 나눠 한 가지 실험을 했다. 실험 방식은 간단하다. 체스를 할 때 자신이 생각하는 것을 말로 표현하면서 게임을 하는 것이다.

흐로트는 실험 상황을 비디오에 수록하고 선수들의 사고 과정을 분석했는데 실험 결과, 놀랍게도 선수들과 단골손님 사이에서 수읽기의 깊이, 즉 수를 읽는 데는 거의 차이가 없었다. 그렇다면 차이는 무엇일까?

체스 선수들의 경우, 최종적으로 선택한 가장 좋은 수가 수읽기에 항상 포함되어 있었다. 그에 비해 단골손님의 경우, 많은 수를 읽기는 하지만 가장 좋은 수가 포함되어 있지는 않았다. 따라서 체스 실력의 차이는 치밀하게 수를 읽는 사고의 끈기에 있는 것이 아니라 직감적으로 좋은 수를 떠올릴 수 있는가 하는 점에 있다는 것이 흐로트의 결론이었다. 즉, 최종적으로 직감이야말로 전문가의 중요한 요건이라는 사실을 확인한 것이다.

장기도 마찬가지다. 장기 기사 하부 요시하루羽生善治는 대량의 박보장기(묘수풀이) 문제를 한 문제당 단 몇 초라는 극단적으로 짧은 시간 안에 푸는 뇌 과학 실험에 참가한 적이 있는데, 그에 대해 다음과 같은 말을 남겼다.

> 박보장기의 경우에는 짧은 것은 특히 그렇지만 대부분 마지막 국면을 연상
>
> 할 수 있는가, 하는 것이 중요하다. 박보장기를 만드는 경우에도 마찬가지로,
>
> 마지막 국면을 만들고 첫 부분을 어떻게 할 것인가 하는 형식으로 풀어가는
>
> 사람이 많다. 물론, 처음부터 착실하게 생각해가는 방법도 있지만 실험장에
>
> 서는 그런 여유 있는 시간은 없기 때문이다.
>
> 《뇌 과학은 무엇을 바꾸는가腦科學は何を變えるか》

직감이야말로 전문가와 아마추어를 구분한다고 말하면 '치밀하게 생각을 거듭해가는 사고 기술이나 사고 체력은 의미가 없는 것인가' 하고 생각할 수도 있지만, 그런 뜻이 아니다. 체스 선수들은 최종적으로 '자연스럽게' 떠오른 수가 정말로 올바른 수인지를

검증하기 위해 치밀한 사고를 한다. 즉, 그들은 산 한쪽에서 치밀한 사고를 쌓으면서 반대쪽에서는 직감이 낳은 아이디어가 올바른 것인지 검증하는, '터널을 산 양쪽에서 파 들어가 하나의 길을 형성하는 지적인 작업'을 하는 것이다.

복잡한 문제를 풀려면 직감이 중요하다는 사실은 알겠지만, 이 직감과 미의식이 과연 무슨 관계가 있을까?

나는 직감과 미의식은 강하게 연결되어 있다고 생각한다. 자연스럽게 떠오른 아이디어가 우수한지 판단을 하려면 결국 그것이 '아름다운 것인가' 하는 판단, 즉 미의식이 중요하기 때문이다.

하부 요시하루는 또 '장기에서의 미의식'에 대해 다음과 같은 말을 남겼다.

> 아름다운 수를 생각하고 아름다움을 지향해야 결과적으로 올바른 수를 둘 수 있다고 생각한다. 올바른 수를 두기 위해 어떻게 해야 하는가를 생각할 것이 아니라, 아름다운 수를 두겠다는 목적을 가질 수 있으면 그것이 올바른 수가 되는 것이다. 이 접근방식 쪽이 훨씬 바람직하다.
>
> 《버리는 능력捨てる力》

장기는 말할 필요도 없이 '논리가 모든 것'이다. 장기를 수학의 게임이론의 틀로 분류히면 '두 사람의 제로섬zero sum 게임'이라고 표현할 수 있는데, 이것은 결국 '완전한 수읽기가 가능'한 것이며 따라서 '수학적인 해답이 있다'고 할 수 있다. 이런 게임의 최고봉에 위치한 사람이 어려운 판단을 내릴 때의 기준으로 논리보다 미의식을 이용하고 있다. 그와 반대로 비논리적인 요소가 훨씬 더 복잡하게 혼재되어 있는 경영에서는 미의식이 경시되고 있다. 이 상황을 우리는 진지하게 고민해봐야 한다.

비전은
　　　　미의식에서 나온다

앞으로 비즈니스 퍼슨에게 미의식은 중요한 컴피턴시 competency(핵심 역량)가 될 것이다. 그렇게 지적하는 데는 이유가 있다.

현재의 기업이 곤경에 빠져 있는 커다란 요인은 '비전이 부족하다'는 점이다. 세상을 어떻게 바꿀 것인가? 세상의 어떤 문제를 해결하고 싶은가? 이런 문제에 대해 즉각적으로 답할 수 있는 경영자가 얼마나 있을까? 아마 거의 없을 것이다.

왜 이런 현상이 벌어졌는가?

그 이유 중의 하나는 애당초 기업에는 비전이 필요하지 않았기 때문이라고 말할 수 있다.

태평양전쟁 이후 폐허에서 일어나 산업을 부흥시킬 때, 일본이 롤모델로 삼은 것은 미국 기업이었다. 비전을 '앞으로 향할 장소 where를 시각적으로 생생하게 이미지가 끓어오르듯 기술하는 것'이라고 정의한다면, 말로 기술하기 전에 실제로 눈에 보이는 목표가 있었던 셈이다.

이런 환경에서는 방향성이나 전략에 대해 이것저것 생각하는 태도는 오히려 경쟁력을 훼손시킬 뿐이다. 차별화가 어려운 시장에서 일본 기업이 '속도'를 새로운 경영자원으로 활용해 글로벌 경쟁에서 승리를 거두었다는 점은 이미 지적했다. 이때 방향성이나 전략을 깊이 고찰하는 태도는 이런 속도를 훼손하는 결과를 낳는다.

하버드 비즈니스 스쿨Harvard Business School의 마이클 포터Michael E. Porter 교수는 이 상황을 가리켜 "일본 기업에는 전략이 없다"고 비판해 논쟁을 일으킨 바 있다. 하지만 사실 이 지적은 기본적으로 본질에서 벗어났다. 사실 일본 기업에게 전략 따위는 필요하지 않았던 것이다. 생각해보면 당연하지 않은가. 경주를 하고 있는데 선두 그룹이 앞서가고 있다면 같은 방식을 좀 더 값싸고 빠르게 할수 있도록 연구해서 따라잡는 것이 가장 단순하고 효과적인 전략이다. 일본 기업 또한 바로 그런 방식을 선택해서 고도 경제성장을 이루었다. 이런 사회에서는 지향해야 할 골을 정하고 그것을 얼마나 효율적으로 달성할 것인지를 생각하는 것보다 오직 최선을 다해 노력하는 쪽이 필요하며, 실제로 그렇게 해서 성과를 낼수 있었다.

기업에서 비전에 관한 논의를 시작하면, 그런 것에 시간을 소비할 바에는 조금이라도 매출 목표를 올리자고 주장하는 경영진이 있다. 그들이 자라온 환경을 되돌아보면 왜 그런 사고회로에 지배당하고 있는지 충분히 이해할 만하다.

하지만 이 상황은 1990년대 초에 바뀌기 시작한다. 이해하기 쉽게 설명하면, 일본이 선두 그룹에 들어선 것이다. 그러자 쫓아가야 할 표적을 잃고 방황하기 시작했다.

흉내를 내야 할 롤모델이 사라진 상황에서 생각도 없이 오직 최선을 다해 노력을 지속하면 어떻게 될까? 결과는 명백하다. 아무런 성과도 내지 못한 채 피로감만 쌓여 마지막에는 쓰러진다.

대부분의 기업이 말로 표현하기 어려운 '폐쇄감'에 짓눌려 있는 가장 큰 원인은 '어디로 가야 좋을지 알 수 없는 상태에서 오직 죽음의 행군을 하는 상황'에 놓여 있기 때문이라는 것이 나의 사견이다. 이런 상황을 타개하려면 지향해야 할 골, 즉 비전을 제시해야 한다.

그러나 이런 지적을 하면 대부분의 사람들이 "우리 회사는 확실한 비전을 제시하고 있다"는 식으로 반론을 편다. 그런 반론을 펴는 사람에게 이렇게 묻고 싶다. 그 비전은 많은 직원이 공감하는 것인가? 아니, 누구보다 그런 반론을 하는 당신 자신은 비전에 공감하고 있는가?

여기에서도 중요해지는 것은 '이성'이 아니라 '감성'이다. 아무리 전략적이고 합리적이더라도 그것을 듣는 사람을 설레게 하고 자신도 반드시 참가하고 싶다고 생각하게 하는 '진·선·미'가 없다면 비전이라 말할 수 없다.

흔히 "해외 매출 비율을 ○○%로!"라거나 "아시아에서 최고의 매출을!"이라는 말을 비전으로 내거는 회사가 있는데, 이런 것은 비전이 아니다. 단순한 '목표'이며 나아가 '명령'에 지나지 않는다. 그것에는 사람을 공감시키는 진·선·미가 전혀 들어 있지 않다. 그 말을 한 사람이 회사 조직을 어떻게 이끌어가고 싶은 것인지, 나아가 사회나 세상에 어떤 영향을 미치고 싶은 것인지가 전혀 느껴지지 않는다.

랜드Edwin H. Land(미국의 과학자이자 최초의 폴라로이드 개발자)는 문장 실력도 뛰어났다. 폴라로이드 사가 성장함에 따라 연차보고서에 공개되는 주주들에게 보내는 서한은 그의 말과 생각을 알리는 절호의 수단이 되었다. 그의 서한은 개인적인 의지 표명에 가깝고 마음이 담겨 있으며 간결했다. 그리고 상대의 마음을 휘어잡는 신비함도 있었다. 수익이나 성장을 이야기하는 대신, 그는 랜드 방식의 세상을 눈앞에 펼쳐 놓았기 때문에 모든 사람들에게서 환영을 받았다.

크리스토퍼 보나노스Christopher Bonanos《인스턴트Instant》

거 대 한
자기실현 욕구
시 장 의 등 장

2

모든 비즈니스가
패션 비즈니스화되다

지금까지 '세계의 엘리트는 왜 미의식을 단련하는가?'라는 논점을 시대적·사회적 배경을 바탕으로 고찰해봤다. 이제부터는 그 논점을 마케팅 측면에서 다루어보겠다.

여기에서 이야기하고 싶은 것은, 이른바 라이프 사이클life cycle에 따른 편익benefit의 변화다.

라이프 사이클은 시장의 진화와 성장을 설명하는 개념으로, 시장은 도입기·성장기·성숙기·쇠퇴기라는 네 가지 단계를 거친다는 사고방식이다. 실제 시장의 변화는 라이프 사이클로 설명할 수 있는 단순한 것이 아니어서 실무에서 이것을 이용하는 것에는 커다란 문제가 있다. 하지만 거대한 변화를 설명할 때는 매우 유용한 개념이다.

여기에서 중요한 점은, 시장의 라이프 사이클이 변하면 소비자가 원하는 편익도 변한다는 것이다. 편익은 일반적으로, 시장의 도입기에서부터 성숙기에 이르는 과정에 맞춰 '기능적 편익' '정서적 편익' '자기실현적 편익'으로 변해간다고 알려져 있다.

퍼스널컴퓨터PC를 떠올리면 이해하기 쉽다. 처음에는 기억용량은 어느 정도인가, 계산 능력은 어떤가 하는 '기능'이 상품을 선택할 때의 중요한 기준이었다. 하지만 이런 기능적 차이가 줄어들면서 이번에는 디자인과 브랜드라는 '감성'에 호소하는 요소가 선택의 커다란 기준으로 떠오른다. 즉, '디자인이 자신의 방 인테

리어에 어울린다'라거나 '소재의 질감이 좋다'는 이유가 구입을 하는 중요한 동기로 작용하기 시작한다.

이 시기에, 기능 향상만을 목표로 삼고 노력을 기울인 대부분의 회사는 디자인 요소에 착안한 기업에 크게 뒤처지고, 경우에 따라서는 시장에서 퇴출당한다. 퍼스널컴퓨터로 세계 시장점유율 1위를 점했던 미국의 컴팩_{Compaq}이 전형적인 기업이다.

이 시기를 통과하는 과정에서 디자인이나 질감 면에서 일정 수준 이상의 정서적 편익을 제공하지 못하는 기업은 도태되고, 시장은 디자인 면에서 그 수준이 단번에 상승한다.

그다음에 '자기실현적 편익'이 찾아온다.

이 시기에 이르면 디자인으로 뒤처진 기업은 이미 도태된 뒤다. 그렇기에 어떤 브랜드를 구입해도 "그건 디자인이 엉망이야"라는 말은 나오지 않는다. 오히려 그 브랜드를 선택하면 "나는 이런 사람입니다"라는 메시지를 전달할 수 있는 상품을 구입한다. 스타벅스에서 맥북에어의 키보드를 두드리고 있으면, 주변에서는 그를 "그런 사람이다"라는 식으로 규정하게 된다. 이때 '그런'이라는 판단이 진실인가 그렇지 않은가 하는 것은 문제가 되지 않는다. 어디까지나 '~같은' 느낌을 준다는 것이 중요하니까.

자기실현적 편익의 레드오션

소비가 일종의 기호 교환이라는 점을 명확한 형식으로 처음 지적한 사람은 20세기 후반에 활약한 프랑스 사상가 장 보드리야르였다. 그는 저서 《소비의 사회》에서 다음과 같이 말했다.

> 사람들은 결코 상품 자체를 (그 사용가치에 있어서) 소비하는 일은 없다. (…) 이상적인 근거로서 받아들인 자신의 집단에 소속되어 있다는 사실을 나타내기 위해, 또는 보다 높은 지위의 집단을 지향해서 자신의 집단을 빠져나가기 위해 자신을 타인과 구별하는 기호로써 (가장 넓은 의미에서의) 끊임없이 상품을 조작한다.

돌이켜보면 보드리야르가 이런 지적을 한 것은 1970년의 일로, 이미 50년 가까이 흘렀다. 이미 그 시점에서 프랑스를 비롯한 선진국에서는, 상품의 소비는 기능적 편익을 손에 넣기 위한 교환이라는 측면이 약화되고, 자기실현을 위한 기호의 획득이라는 측면이 강화되고 있었다.

여기에서 문제가 되는 것이 신흥국의 경제성장이다. 신흥국이 경제성장을 실현해 일인당 소득수준이 높아지면, 이윽고 이런 국가들에서도 50여 년 전에 선진국에서 발생한 '소비의 기호화'라는 현상이 언젠가는 발생하게 된다.

노벨 경제학상을 수상한 미국의 경제학자 로버트 포겔Robert W. Fogel은 "전 세계로 확산된 풍요로움은 특별한 사람만의 소유였던 '자기실현 욕구'를 거의 모든 사람에게 확산시킬 수 있도록 만들었다"고 말했다. 이것은 곧 지금의 글로벌 시장이 거대한 '자기실현적 편익의 레드오션'이 되어가고 있다는 사실을 뜻한다.

이상의 고찰을 정리하면 현대사회에서의 소비는 최종적으로 자기실현적 소비에 이르게 되며, 그것은 곧 소비되는 모든 상품이나 서비스는 패션이라는 측면에서 경쟁하지 않을 수 없게 되었다는 뜻이다.

이런 측면에서 생각해보면 우리는 이제 애플이라는 회사를 IT 기업으로 받아들이기보다는 패션 기업이라고 생각하는 쪽이 맞을지도 모르겠다. 애플이 제공하고 있는 가장 큰 가치는 '애플 제품을 사용하고 있는 나'라는 자기실현 욕구의 충족이며, 나아가 '애플을 사용하는 그 사람은 그런 사람이다'라는 기호이기 때문이다.

이런 사회에서 논리와 이성에 버팀목을 둔 과학 주도 경영은 경쟁력을 상실한다. 사회에서 요구하는 것은 '무엇이 이성적인가?'를 외부에서 찾는 지적 태도가 아니라, '이것이 이성적이다'라는 것을 제안하는 창조적 태도에 바탕을 둔 경영이기 때문이다.

앞으로는 정신적인 충실을 원하는 목소리가 한층 더 강화되고 물질주의는 후퇴할 것이다. 기업도 예외가 아니다. 이제 구매욕이나 물질적 만족을 충족시키는 것만으로는 고객을 불러들일 수 없다. 성공을 거두려면 그 이상의 것이 필요하다.

베르나르 아르노, 이브 메사로비치《나는 내 꿈에 뒤진 적이 없다》

맥킨지는 왜 디자인 회사를 인수했나?

2015년 5월 컨설팅 회사 맥킨지앤컴퍼니McKinsey & Company(이하 맥킨지)는 캘리포니아의 디자인 회사 루나Lunar를 인수했다. 루나는 애플, 구글, 휴렛팩커드 등의 우량 기업을 고객으로 보유한 디자인 회사다.

나는 전략컨설팅 업계에서 10년을 일한 사람으로서 루나를 인수한 맥킨지의 의도를 이렇게 추정한다.

맥킨지로 대표되는 전략 계열 컨설팅 회사가 창업 이후 줄곧 제공해온 부가가치를 한마디로 정리하면, '경영에 과학을 도입한다'는 것이다. 맥킨지를 일으킨 마빈 바우어Marvin Bower는 전략컨설팅 업계 그 자체를 구상한 사람인데 그의 비전이 훌륭한 점은 그때까지 '기술'에 편중되어 있던 기업 조직의 의사결정에 사실과 논리에 바탕을 둔 의사결정, 즉 '과학'을 도입했다는 점이다.

마빈 바우어가 등장하기까지 이전의 컨설팅은, 업계를 은퇴한 경험이 풍부한 인재들의 조언이 주류를 이루었다. 이런 컨설턴트는 대부분 고령에 백발이었기에 풍부한 경험에 바탕을 둔 그들의 조언을 '그레이 헤어 컨설팅 어프로치gray hair consulting approach'라고 말한다. 이들의 어프로치는 당연히 기술에 편중될 수밖에 없다.

이런 어프로치를 비즈니스로 전개할 경우 큰 문제가 발생한다. 그레이 헤어 컨설팅 어프로치는 그 업계를 은퇴한, 경험이 풍부한 전문가에게 전적으로 의존하는 비즈니스 모델이다. 하지만 현실적으로는 그런 인재들이 많지 않기 때문에 규모를 확대하는

데 한계가 있다.

그래서 마빈 바우어는 기술에 버팀목을 둔 조언자에게 대항하려면 어떻게 해야 좋을지 생각했다. 결론은 사실과 논리에 기반을 둔 컨설팅 서비스, 요즘으로 치면 '팩트 베이스 컨설팅 어프로치fact base consulting approach' 서비스를 제공하는 것이다.

이런 어프로치라면 컨설턴트는 사실을 수집해 그 정보를 올바르게 논리적으로 처리할 수 있을 정도의 지능만 있으면 되고, 경험이 부족한 젊은 사람이라도 트레이닝을 통해 얼마든지 규모를 확대할 수 있다. 아니나 다를까, 그 후 팩트 베이스 컨설팅 어프로치는 업계의 주류를 이루었고, 맥킨지는 1만 명 이상의 컨설턴트를 보유한 거대 조직으로 성장했다.

여기까지는 나쁘지 않았다. 하지만 최근 들어 전략컨설팅 회사의 방식에 다양한 문제가 제기되고 있다.

맥킨지의 전 디렉터인 나와 다카시名和高司(현 히토쓰바시대학 대학원 국제기업전략연구과 교수)는 저서《글로벌 성장 기업의 법칙》에서 맥킨지의 비즈니스가 세계적으로 속도감을 잃어가고 있다고 지적하면서 세계 표준화의 위험성에 대해 경종을 울렸다. 대체 무슨 일이 일어나고 있는 것일까?

이것은 맥킨지뿐만 아니라 전략컨설팅으로 대표되는 지적 생산형 비즈니스 전반에 걸친 문제로, 바로 '정답의 상품화' 문제다.

마빈 바우어는 일찍이 인재를 공급하는 양과 안정성에 문제가 많은 그레이 헤어 컨설팅에서 벗어나, 인재 선발과 육성에서만 실수하지 않으면 질 높은 컨설팅 서비스를 양산할 수 있는 팩트 베이스 컨설팅 비즈니스 모델을 구축, 오늘날 맥킨지의 기초를 만들었다.

그러나 긴 안목으로 보면 이 아이디어에는 숨은 함정이 있다. 그것은 팩트 베이스 컨설팅은 수법만 배우면 일정 수준 이상의 지적 수준에 도달한 사람 누구나 제공할 수 있는 서비스라는 점이다.

맥킨지를 대표하는 팩트 베이스 컨설팅의 제공 가치는 본질적으로 '경영에 과학을 도입'하는 것이다. 그리고 과학은 언어화가 가능하며 재현성이 있어야 한다. 또 이 두 가지 요건은 확대 재생산이 가능하다는 사실을 의미한다.

이 확대 재생산이 일정 기간 조직 안에 갇혀 한정적으로 이루어지는 과정에서 맥킨지는 크게 성장했다. 하지만 내부의 인재를 언제까지나 가둬 놓을 수는 없다. 당연히 내부에서 팩트 베이스 컨설팅의 노하우를 배운 인재들이 유출되면서 타사에서도 같은 방법론을 이용하게 될 테고, 그 결과 필연적으로 차별적 경쟁력의 원천이 훼손되어버린다.

'기능의 경쟁'에서
'정서의 경쟁'으로

팩트 베이스 컨설팅이 보급되어 문제해결이 진부해진다는 문제에 더해 애당초 방법론 자체의 한계도 지적할 만한 부분이다.

오늘날 세계적인 회의 현장에서 자주 들을 수 있는 말 중에 하나가 '뷰카'다. 앞에서 설명한 대로 뷰카란 '변동성' '불확실성' '복잡성' '모호성'이라는 네 가지 영어 단어의 이니셜을 딴 말로, 원래는 미 육군이 현재의 사회나 경제 상황을 나타내기 위해 사용한 조어다.

이런 말이 나오는 현실에서 고전적인 문제해결 어프로치는 제기능을 할 수 없다.

맥킨지가 팩트 베이스 컨설팅을 확립하는 과정에서 구축한 문제해결 방법이나 비판적 사고법 등의 기술은 문제를 인과관계 구조로 포착해 해결 방법을 새로 만든다는 사고방식에 근거를 두고 있다.

사상의 인과관계를 정적이고 단순한 구조로 정리할 수 있다면 나름대로 효과적인 방법이겠지만, 세상은 점차 뷰카화되어가고 있다. 따라서 이 방식을 적용하기란 쉽지 않다. 취급하려는 문제의 종류와 문제해결을 위한 어프로치가 맞지 않기 때문이다.

반면 디자인 회사의 문제해결 어프로치는 팩트 베이스 컨설팅의 그것과는 크게 다르다.

디자인 회사의 수법을 단순화해서 설명하기는 어렵지만, 팩트 베이스 컨설팅과 대조적으로 설명해보겠다. 팩트 베이스 컨설팅은 인과관계를 정적으로 포착하기 때문에 문제를 발생시키는 근본을 억제하기 어렵다.

그에 비해 디자인사고는 좀 더 동적이며 처음부터 해답을 포착하기 어렵다. 요소의 변화가 끊임없이 생기는 세상에서 인과관계를 엄밀하게 정리하는 것은 별 의미가 없다. 그래서 즉각적으로 파악할 수 있는 '해답'을 시도하고, 시행착오를 되풀이하면서 가장 바람직한 해답에 이르려고 한다.

통계학을 배운 사람이라면 기존의 문제해결이 로널드 피셔 Ronald A. Fisher(영국의 통계학자) 이후의 고전적인 추리통계학Inferential statistics에 해당하는 한편, 디자인 회사의 어프로치는 베이즈 확률론Bayesian probability에 해당한다고 비유하면 쉽게 이해할 수 있다.

간단히 설명하면, 기존의 통계학은 일정량의 데이터를 바탕으로 확률을 추계하지만, 베이즈 확률론은 "정확한 확률은 신밖에 모른다"는 전제 아래 일단 가정을 한 확률을 반복적으로 시행하면서 수정해가는 방법을 취한다.

여기까지의 내용을 살펴보면, 맥킨지가 왜 디자인 회사를 인수한 것인가에 대한 나의 가설을 이해할 수 있을 것이다.

컨설팅 산업은 풍부한 경험을 지닌 베테랑에게 의지하는 그레이 헤어 컨설팅에서 출발해 맥킨지 중흥의 시조인 마빈 바우어에 의한 팩트 베이스 컨설팅으로 크게 진화했다. 이 전환은 '기술을 중시하는 컨설팅'에서 '과학을 중시하는 컨설팅'으로의 전환이라고 말할 수 있다. 그리고 지금 '기능의 경쟁'에서 '정서의 경쟁'으로 전환되고 기술, 정치, 외교 등이 복잡하게 얽힌 뷰카 세계에서 과학형 어프로치의 한계라는 상황에 직면했다. 그에 따라 컨설팅 세계에 '예술'을 포함시키려는 움직임이 일고 있는 것이다.

이노베이션을 완성하는
두 가지 조건

'이노베이션이 경쟁의 열쇠'라는 말이 나온 지 이미 오랜 시간이 흘렀다. 지금은 이노베이션을 경영과제로 다루지 않는 회사가 거의 없을 정도다. 그런 한편 누구나 '이노베이션이 경쟁의 열쇠'라고 말하고 있다는 것은 이미 이노베이션은 경쟁의 열쇠가 아니라는 뜻이기도 하다.

경쟁전략이란 차별화를 추구하는 것이다. 따라서 모두가 같은 목표를 내걸고 달리는 현재 상황에서는 커다란 성과를 기대하기가 어렵다. 문제는 '이노베이션 이후에 무엇을 추구해야 하는가'다. 이런 전망 없이 '이노베이션의 실현'만을 목표로 삼아 달리는 태도는 매우 위험할 수 있다.

이 점을 생각할 때 적절한 재료는 애플이라는 기업이다. 일반적으로 애플의 강점은 이노베이션에 있다고 생각한다. 물론 그것이 강점 중 하나이기는 하다. 그러나 이런 식으로 엉성한 인식을 하면 애플의 본질적인 강점을 간과할 우려가 있다. 애플의 핵심적인 강점이 정말 이노베이션일까? 나는 그렇지 않다고 생각한다. 이런 지적을 하는 이유는 단순하다. 애플이 이노베이션을 바탕으로 만들어낸 제품은 눈 깜박 할 사이에 복제되기 때문이다. 만약 애플의 강점이 이노베이션에 있다고 한다면 복제된 이후에도 경쟁력을 지속하는 이유를 설명할 수 없다.

그렇다면 무엇일까?

나는 애플이라는 회사가 갖추고 있는 본질적인 강점은 브랜드에 따르는 '스토리'와 '세계관'에 있다고 생각한다. 그렇기에 기능이나 외관이 비슷한 제품이 세상에 넘치고 있는 상황에서도 그 경쟁력을 잃지 않는 것이다. 외관이나 테크놀로지는 복제할 수 있지만 세계관과 스토리는 결코 복제할 수 없기 때문이다.

◉　　　　　　　　디자인과 기술은 언제든 복제 가능

'이노베이션에는 스토리가 필요하다'는 점에서 지바_{Ziba}(미국의 디자인 회사)의 임원인 하마구치 히데지濱口秀司는 다음과 같이 말했다.

> 바꿔 말하면 혁신적인 아이디어가 있고 그것을 바탕으로 제품과 서비스를 만든다고 해도 기능, 디자인, 스토리라는 세 가지를 인지시키지 않으면 세상에 받아들여지지 않는다. 시대가 바뀌면서 기술이나 디자인의 차이에서 발생하는 경쟁 우위는 복제라는 공격을 받았을 때 그 자리를 지키기 어려워졌다. 그러나 스토리는 복제할 수 없기 때문에 오리지널이 갖고 있는 스토리의 가치야말로 흔들리지 않는 최후의 가치다.
>
> 《디자인사고를 뛰어넘는 디자인사고デザイン思考を超えるデザイン思考》

우수한 이노베이션은 그것이 우수할수록 즉시 복제가 된다.

이노베이션에 관해 특히 디자인과 테크놀로지를 주제로 논의되는 경향이 있는데, 디자인과 테크놀로지에만 의존해 실현된 제품에는 비참한 말로만이 기다릴 뿐이다. 디자인과 테크놀로지는 과학의 힘으로 얼마든지 복제할 수 있기 때문이다. 이른바 리버스 엔지니어링reverse engineering(이미 만들어진 시스템을 역으로 추적해 처음의 문서나 설계기법 등의 자료를 얻어내는 일)이다. 과학의 약점은 리버스 엔지니어링이 가능하다는 것이며, 정서적 가치가 요구되는 세상에서 이것은 결정적 결함이다.

어카운터빌리티는 '언어화할 수 있다'는 점을 우리는 잊어서는 안 된다. 언어화할 수 있다는 것은 모두 복제할 수 있다는 의미다. 이것은 '차별화' 문제를 다루는 경영전략론에서 무슨 이유에서인지 거의 언급되지 않는 포인트이지만, 오늘날의 경쟁전략을 생각할 때 매우 중요한 지점이다.

돌이켜 생각해보면 노트북을 만들어, 지금의 거대한 시장을 형성하는 이노베이션을 이루어낸 기업은 도시바였다. 그리고 현재 우리는 도시바의 컴퓨터 사업이 어떤 말로를 맞이하고 있는지 잘 알고 있다. '이노베이션이 중요하다'는 지적은, 이노베이션 이후에 발생하는 '날치기 싸움'에서 디자인과 테크놀로지의 진부화라는 문제를 놓치기 쉽다.

한편, 스토리나 세계관은 복제할 수 없다. 스토리나 세계관은 그 기업의 미의식이 모두 반영되어 있기에 과학으로는 흉내 내기 어렵다. 그리고 반복하지만, 애플의 본질적인 강점은 테크놀로지도 디자인도 아닌 애플이라는 추상적인 이미지에 부여된 세계관과 스토리다. 이것이 이노베이션이 지속적인 경제가치를 낳을 수 있는가를 결정하는 분수령이다. 그리고 세계관과 스토리를 형성하려면 당연히 높은 수준의 미의식이 필요하다.

이제 이해할 수 있을 것이다. 디자인과 테크놀로지만으로는 일시적으로 승리를 거둘 수는 있어도 지속하기는 어렵다는 것을. 그것에는 '스토리'와 '세계관'이라는 두 가지 요소가 반드시 필요하다.

왜 최고의
엘리트가
범죄자가 되었나

③ ──────────

시스템의 변화가
지나치게 빠른 세계

뷰카 세계에서 미의식을 갖추지 못한 비즈니스는 혹독한 국면을 맞을 수밖에 없다.

이와 관련해 DeNA(일본의 모바일 및 상업용 웹사이트 관련 사업을 하는 회사로, 모바일 게임을 제조하는 것으로 유명)를 비롯한 몇몇 신흥 인터넷 벤처 기업에서 발생한 불상사를 바탕으로 앞으로의 비즈니스를 고찰해보겠다.

DeNA는 지난 몇 년 동안 두 가지 불상사를 일으켰다.

하나는 2012년에 발생한 이른바 '컴플리트 가챠Complete ガチャ(일명 수집형 뽑기)' 문제다. 컴플리트 가챠는 게임에서의 과금課金 구조다. 뽑기를 통해서만 얻을 수 있는 아이템 중에서 특정적인 몇 개의 아이템을 모두 갖추면(complete하다), 희소 아이템을 얻을 수 있는 구조를 총칭해서 이렇게 부른다.

컴플리트 가챠는 일시적으로는 매우 수익성이 높은 사업이지만, 이윽고 희소 아이템을 얻기 위해 거액의 비용을 게임에 쏟아부었다가 파탄에 이르는 젊은이들이 속출하면서 사회문제로 떠올랐다. 결국 일본 소비자청이 '경품표시법을 위반한 의심이 있다'는 이유로 모든 서비스를 중지시켰다.

두 번째는 2016년에 발생한 큐레이션 미디어curation media에 관한 문제다. DeNA가 운영하던 웰크WELQ를 비롯한 복수의 매체에서 잘못된 정보를 기재하거나 저작권 문제를 해결하지 않고 다른 매체의 기사를 무단으로 가져다 쓰는 일이 생기면서 사회문제로 떠올랐다.

특히 문제가 된 것은 웰크가 의료정보를 제공하는 웹사이트였다는 점이다. 굳이 설명할 필요도 없이 의료정보는 사람의 생명과 관련이 있는 것으로, 그 신뢰성을 입증하는 부분에서 충분한 배려가 이루어져야 한다. 하지만 DeNA는 "당사는 제공한 정보의 진위나 정확성에 있어서 책임을 지지 않습니다"라고 명확하게 책임을 회피했다.

이러한 태도에서 의료정보를 제공하는 사업자로서의 윤리성이 보이지 않는다고 생각하는 사람도 있을 것이고, 불확실한 정보를 "불확실하다"라고 명기하고 제공하는 것도 하나의 방식이라고 생각하는 사람도 있을 것이다. 위키피디아가 그렇다. 위키피디아는 스스로를 '믿을 수 없는 미디어'로 분류하고, 최종적인 정보의 정밀도는 백과사전이나 위키피디아가 '믿을 수 있는 미디어'로 소개하는 정보원을 이용하라고 권한다.*

내가 문제로 지적하는 것은 DeNA가 '정보의 진위에 대해 책임을 지지 않는다'는 책임 회피를 하면서, 그에 더해 믿을 수 있는 정보로의 접속을 적극적으로 방해하고 있었다는 점이다. 이 회사

---

* 위키피디아에서 '믿을 수 있는 정보원'이라고 입력을 하면 위키피디아에 기재되어 있는 정보의 신뢰성과 관련된 상세한 안내를 받을 수 있다. 이 내용을 읽어보면 위키피디아가 '정보의 신뢰성'에 대해 어떻게 생각하고 있는지를 잘 알 수 있다.

는 구글을 비롯한 검색엔진 검색 결과의 상위에, 자사 사이트만 표시되도록 조작해 유저가 그 밖의 '믿을 수 있는 정보원'에 접속하는 것을 적극적으로 방해했다.

의료정보를 제공하면서 자신들은 '신뢰성에 책임을 지지 않는다'고 명시하는 한편, 믿을 수 있는 미디어로의 안내는커녕 오히려 그것을 철저하게 방해하는 행동을 한다면 대체 사회에 무엇을 제공하려는 것인가. 결국 이 서비스는 다양한 방면에서 비판을 받았고 최종적으로는 행정 조직의 개선 명령을 받아 웰크를 포함한 모든 큐레이션 미디어가 폐쇄되었다.

그들은 왜 반복적으로
문제를 일으키는가?

왜 DeNA나 신흥 인터넷 벤처 기업들은 이런 문제를 반복적으로 일으키고 있는 것일까?

DeNA가 일으킨 사회적 문제가 한 회사에서 단발적으로 발생한 사건이라면 원인을 그 회사, 또는 경우에 따라서는 고유의 부서나 개인에게 돌릴 수 있을 것이다.

하지만 지속적이면서 광범위하기까지 하면 그 원인을 회사 하나의 문제로 정리하기는 어렵다. 즉, 인터넷 벤처 기업을 둘러싸고 있는 사회적·문화적 환경에 이런 사건을 지속적이면서 필연적으로 발생시키는 구조적 요인이 작용하고 있다고 생각해야 한다.

DeNA를 비롯한 인터넷 벤처 기업이 사회 문제를 일으키는 경위에 대해 간단히 정리해보겠다.

이 두 사건은 사업 내용이 전혀 다른데도 불구하고 사건에 이르는 경위는 기본적으로 같다. 정리를 하면 다음과 같다.

> 경영자는 '백 = 합법'과 '흑 = 위법' 사이에 걸쳐 있는 회색지대에서 우악스럽게 돈을 벌어들이는 비즈니스 모델을 고안한다.

> 그중에서 처음에는 완벽하게 백에 가까운 영역이었던 것이 이익을 추구하는 동안에 완전히 흑에 가까운 영역으로 전환되어간다.

> 매스컴이나 사회가 도덕상의 문제를 지적하면 "그런 이유로 그만둡니다"라고 사과하고 사업을 수정하거나 폐지한다.

여기에서 포인트가 되는 것은 모두 '시작 판단은 경제성' '폐지 판단은 외부로부터의 압력'이라는 구조로 이루어져 있다는 점이다. 즉, 미의식으로 대표될 수 있는 내부적 규범이 전혀 기능을 하지 않는다.

사업을 시작할 때의 의사결정에서 "법률에서 금지되어 있지 않은 이상, 특별히 문제는 없을 것이다"라는 것이 그들의 판단 기준이다.

2005년 호리에 다카후미堀江貴文(일본 사회에서 벼락출세의 산 증인이자 범법자라는 이중적인 평가를 받고 있는 기업가)가 이끌었던 라이브도어ive door(호리에가 도쿄대학교 재학 중에 만든 인터넷·미디어 회사)가 시간 외 거래로 닛폰방송의 주식을 대량으로 취득해서 세상을 시끄럽게 만들었다. 이 역시도 "탈법이기는 하지만 위법은 아니다"라는 금융청 간부의 퉁명스런 코멘트에서 알 수 있듯이 법률이 정비되지 않은 영역, 즉 회색지대를 이용해 돈을 버는 것이다.

늦게 내는
가위바위보

명문화된 법률만을 근거로 삼고 자신이 내린 판단에 대한 정당성은 고찰하지 않는 사고방식, 그 판단이 진·선·미를 기준으로 하는지는 생각하지 않는 사고방식, 이런 사고방식은 실정법주의에 해당한다. 당연한 말이지만 실정법주의에서는 '법 그 자체'의 옳고 그름은 문제 삼지 않는다. 즉, 실정법주의는 '악법도 법이다'라는 사고방식이다.

과거 라이브도어의 사장이었던 호리에 다카후미는 전형적인 실정법주의자라고 할 수 있다. 그의 복장이나 말투를 보면 무법자나 반항아 같은 이미지를 떠올리기 쉽지만, 이는 노력을 기울여 만든 이미지일 뿐 실제로 그는 매우 규칙에 민감하고 섬세한 우등생 같은 인물이다.

호리에는 무슨 일이 있을 때마다 법률을 내세워 시끄러운 논쟁을 피했다. "시간 외에 대량의 주식을 취득해서 기업의 지배권을 획득하는 행위에 대해 윤리적으로 어떻게 생각하십니까?" 하는 힐문을 받자 그는 "법률에 위반되는 일은 하지 않습니다"라고 대답했는데, 이는 전형적인 실정법주의자의 태도다.

반면 '자연이나 인간의 본성에 합치하는가' '그리고 그 결정이 진·선·미를 기준으로 삼고 있는가'를 중시하는 법철학을 자연법주의라 부른다. 실정법주의와는 달리 자연법주의에서는 법 그 자체의 옳고 그름이 비판적 검토 대상이다.

그렇다면 실정법주의와 자연법주의 중 어느 쪽이 더 우수할까?

재미있게도 서유럽에서 19세기까지는, 인위적으로 제정된 실정법은 자연법 아래에 있다는 것이 일반적인 통념이었다.

실정법은 왜 자연법 아래에 놓여야 하는 것일까? 여기에서 '실정법의 보편성'이라는 문제가 부각된다.

자연법주의와 달리 실정법주의에서는 법은 위에서 아래로 제정된다. 이때 그 법은 어떤 고유의 상황, 즉 고정적이고 폐쇄적인 시스템의 내부에서 규칙으로서 기능을 할 것이라는 기대를 안고 제정된다. 시스템이 변하지 않거나 변하더라도 그 변화가 완만하게 진행되는 세계에서는 이것도 나름대로 문제는 없다. 즉, '상황이 바뀌면 법률을 바꾼다'는 식으로 대응하면 된다. 이것은 함무라비 법전 시대 이후 줄곧 인류가 실행해온 방식이다.

◉ 　　　　　　　　　 윤리가 먼저, 법률은 나중

하지만 오늘날 시스템의 급격한 변화를 법 정비가 따라가지 못하는 상황이 곳곳에서 벌어지고 있다. 이런 세상에서 '법률로 명문화되어 있는가'만을 판단의 기준으로 사용하는 실정법주의 사고방식은 매우 위험하다.

그 이유는, 단순히 '위법이 아니다'라는 이유로 윤리를 크게 벗어나는 경우, 늦게 내는 가위바위보에 의해 위법으로 간주될 가능성이 있기 때문이다. 라이브도어나 DeNA 사건 모두 '윤리가 먼저, 법률은 나중'이라는 식으로 종결되었다.

법률불소급원칙 法律不遡及原則이라는 말이 있다. 쉽게 설명하면, 법률의 효력이 발생하기 전의 요건에 대해서는 법을 적용할 수 없다는 원칙이다. 이는 전 세계적으로 '법과 관련된 입장에 놓여 있는 사람'에게 공유되는 대전제다. 그러나 실제로는, 적어도 회색지대에 관해서는 과거까지 소급해 유죄 판결을 내린 사례가 굉장히 자주 있었다. 회색지대 금리 (이자제한법에서 정한 상한금리는 넘지만 출자법에서 정한 상한금리에는 미치지 않는 금리)에 관한 법률이 전형적인 예다.

2010년, 그전까지 일본 소비자금융 업계에서 관행으로 이용한 회색지대 금리에서의 대출이 재판소에서 '사후'에 위법으로 판결이 났다. 이 재판 결과, 지나치게 지불한 금리를 과거까지 소급해 반환하라는 청구 소송이 잇달아 발생하면서 많은 소비자금융이 파탄에 몰렸다.

"법률이 없는 나라에서는 비즈니스를 할 수 없다." 미국의 금융 대기업 시티그룹 Citigroup은 일본에서 철수를 발표하는 기자회견장에서 이와 같이 말했다. 이 역시 '윤리가 먼저, 법률은 나중'이라는, 즉 늦게 내는 가위바위보에 의해 고발당한 사건이었다.

실정법주의에서는 명문화된 법률이 의사결정의 기준이 되지만, 변화가 빠른 세상에서는 법률의 정비가 사회정세의 변화에 뒤따르듯 나중에 실행된다. 변화가 그다지 빠르지 않은 고정적인 세계라면 별 문제가 없을 것이다. 하지만 요즘처럼 변화가 빠른 세상에서는 위험하다. 법률에만 의존해서 의사결정을 내리다 보면 나중에 커다란 법적 책임에 휩싸일 가능성이 있기 때문이다.

그렇다면 무엇을 판단의 근거로 삼아야 할까?

시스템의 변화가 매우 빨라 명문화된 법률의 정비가 시스템의 진화를 따라가지 못하는 세계에서는 자연법적인 사고방식이 중요하다. 즉, 내재화된 진·선·미의 기준에 적합한지를 판단하는 능력, 바로 미의식이다.

⊙ **구글의 '사악해지지 말자'**

"그런 애매한 것에 의지해야 하다니…."

이런 생각을 할 수도 있겠지만 나는 오히려 그 반대라고 생각한다. 언제 개정될지 알 수 없는 명문화된 법률보다는 자신의 내부에 확고하게 갖추고 있는 미의식을 바탕으로 판단하는 쪽이 기준으로서 훨씬 적합하다. 실제로, 지속적으로 실적을 올리고 있는 기업에서는 미의식을 사훈으로 내거는 경우가 적지 않다.

예를 들어 구글의 사훈은 '사악해지지 말자Don't be evil'다. 왜 이런 사훈을 내걸었을까? 문장이 참신한 점도 있어서 다양한 해석과 억측이 나왔지만, 이 문장이 '구글의 미의식'을 나타낸다고 생각하면 이해하기 쉽다.

구글이 뛰어들고 있는 정보통신이나 인공지능의 세계는 변화가 매우 심한, 즉 법률 정비가 시스템의 변화보다 늦게 이루어지는 세계다. 이런 영역에서 사회에 커다란 영향력이 있는 사업을 운영하는 경우, 명문화된 법률만을 기준으로 삼아 다양한 의사결정을 한다면 결정적인 오류를 범할 가능성이 있다.

그렇다면 무엇을 판단의 축으로 삼아야 할까? 그래서 나온 것이 '정사正邪의 측면에서 생각한다'는 판단의 축이다.

캘리포니아에는 구글의 '사악해지지 말자'는 사훈과 비슷한 내용을 사훈으로 내건 기업은 없다. 구글은 단순히 대항문화의 일환으로 이런 사훈을 내건 것이 아니다. 시스템이 불안정한 세계, 인류가 맞선 적이 없는 미증유의 선택을 강요당하는 사업 환경에서 윤리상의 결정적인 실수를 범하지 않기 위해 매우 전략적이고 합리적으로 만들어낸 것이다.

이런 사훈이 실제로 비즈니스 의사결정에 영향을 끼쳤다고 볼 수 있는 것이 구글의 딥마인드 인수다. 딥마인드는 딥 러닝deep learning(컴퓨터가 사람처럼 생각하고 배울 수 있도록 하는 기술)을 전문적으로 개발하는 영국의 신흥 기업이다. 일부 미디어 보도에 의하면, 딥마인드는 구글에 흡수 합병이 되는 교환 조건으로 딥 러닝처럼 강력한 인공지능 기술이 폭주하거나 악용되지 않도록 구글 사내에 인공지능 윤리위원회AI ethics board를 설치하도록 요구했고, 구글은 이 조건을 받아들였다고 한다.

이 높은 관점과 견식을 앞에서 설명한 인터넷 벤처 기업과 비교해보면, 회사가 생각하는 '철학의 격'이 얼마나 다른지 깨달을 수 있다.

◉　　　　　　**시스템이 변해도 판단의 기준은 그대로**

세계적인 제약 업체 존슨앤존슨의 윤리강령 '우리의 신조' 역시 미의식을 표명한 것이다. 존슨앤존슨의 '우리의 신조'에는 이해관계자를 '환자나 의사 등의 고객' '사원' '지역사회' '주주'의 순서로 정리하고, 각 이해관계자에 대해 회사가 담당해야 할 책임과 임무가 명확하게 적혀 있다.

주목해야 할 점은 그 우선순위다. 존슨앤존슨은 최우선을 '환자나 의사 등의 고객'으로 두고, 그 아래에 '사원' '지역사회' '주주'를 차례로 두었다. 상장 기업임에도 일반적으로는 최우선으로 꼽는 '주주'를 이해관계자 중에서 가장 뒤쪽에 놓은 것이다.

앞에서 실정법주의의 사례로 든 라이브도어의 전 사장 호리에는 닛폰방송 주식 건으로 소동이 벌어졌을 때 "회사법상 회사의 주인은 주주이기 때문에"라는 발언을 자주 했는데, 이는 그야말로 우등생다운 보수적인 코멘트다. 이것과 비교하면 "직원을 주주보다 우선한다"고 당당하게 선언하는 존슨앤존슨의 '우리의 신조'가 얼마나 급진적이고 혁명적인지 이해할 수 있다.

존슨앤존슨의 '우리의 신조'를 작성한 사람은 1932년부터 1963년까지 31년 동안 사장을 역임한 로버트 존슨Robert W. Johnson이다. 그는 '우리의 신조'에 대해 "시대의 변천과 사회의 변화에 맞춰 내용은 개정하더라도 이 우선순위만큼은 절대로 바꿔서는 안 된다"는 말을 남겼다. 즉 '시스템이 변하더라도 판단의 입각점은 바뀌지 않는다'는 말로, 실정법주의와는 정반대의 사고방식이다. '질병과 싸우는 환자와 의사를 최우선으로 한다'는 판단 기준은 외부적으로 명문화된 법률이 아니라 로버트 존슨의 미의식에 뿌리를 내린 사상이다.

지속적으로 높은 실적을 올리며 사회의 존경을 받는 회사의 적잖은 비율이 구글이나 존슨앤존슨과 마찬가지로 경우에 따라서는 '독선적'이라고 말할 수 있을 정도로 명확한 사훈이나 이념을 갖고 있다. 그것은 결국 내재화된 가치관이나 미의식이 커다란 변화 속에서 판단을 그르치지 않기 위한 의지처가 된다는 사실을 나타낸다.

왜 인간에게 미학과 도덕이 필요한가. 첫째는 효율성이 좋기 때문이다. '효율성이 좋다'고 표현하면 어폐가 있을지 모르지만 보다 높은 곳에서 보다 넓은 시야를 갖고 나아가야 할 길을 나아가면 보다 큰 의미에서 효율성이 좋다는 것이다. (…)

끝까지 올바른 일을 하고 옳은 것을 생각한다고 하면 자기희생을 강요당하거나 금욕적으로 뭔가를 참아내야 하는, 부정적인 측면으로 받아들이기 쉽다. 하지만 장기적인 관점으로 보면 훨씬 효율성이 좋고 최종적으로는 본인에게도 플러스가 된다.

나카니시 테루마사 《숨겨진 본질을 간파하는 통찰력》

엘리트야말로
미의식이 필요하다

일반적으로 '엘리트'라는 단어에서 범죄를 떠올리는 사람은 많지 않다. 우리는 엘리트라고 하면 왠지 모르게 청렴하고 수준 높은 인물이라고 가정해버린다. 그러나 엘리트가 스스로를 망치는 커다란 요인 중의 하나가 범죄라는 사실을 잊어서는 안 된다. 최근 기업에서 법률 위반을 이끈 임원 대부분은 유명 대학을 졸업하고 대기업에 취직한 전형적인 엘리트였다.

엘리트는 왜 자주 범죄에 손을 대는 것일까? 여기에는 '동기'가 작용한다. 하버드대학교 행동심리학 교수이며 내가 일하는 콘페리헤이그룹Korn Ferry Hay Group의 창업자 중 한 명이기도 한 데이비드 맥클리랜드David C. McClelland는 사회성 동기를 아래와 같이 세 가지로 분류했다.

> 달성 동기 : 설정한 목표를 달성하고 싶은 동기
> 친화 동기 : 사람들과 사이좋게 지내고 싶은 동기
> 파워 동기 : 많은 이들에게 영향을 끼치고 선망을 받고 싶은 동기

그는 위의 세 가지 동기를 분석하면 적합한 직업이나 포지션이 바뀐다는 사실을 발견했다. 그리고 여기에서 문제가 되는 것은 '달성 동기'다.

콘페리헤이그룹은 높은 실적을 올리는 인재는 통계적으로 강한 달성 동기를 갖고 있다는 사실을 알아냈다. 달성 동기는 '주어진 목표를 이루어내고 싶다'는 욕구이기 때문에 높은 실적을 올린 인물이 강한 달성 동기를 지니고 있다는 것은 충분히 이해할 수 있는 결과다.

그러나 한편으로는 문제도 있다. '지나치게 높은 달성 동기'를 가진 사람은 '달성할 수 없는' 자신을 용서할 수 없기 때문에 분식 결산 등의 법률 위반 행위를 저지를 위험성이 높다는 것이다.

이것은 커다란 모순이다. 높은 목표를 내걸고 그것을 달성하기 위해 최선의 노력을 하는 태도는 칭찬받아야 하며 비난의 대상이 아니다. 우리들 대부분은 그런 태도를 보이는 것을 일종의 절대선絶對善이라고 교육받아왔다.

그러나 목표를 달성한 후에 보다 높은 목표를 내걸다 보면 언젠가는 한계에 이른다.

그때 "이것이 한계다"라고 인정할 수 없는 사람, 즉 '강한 달성 동기를 가진 사람'은 어떻게든 목표를 달성하기 위해 법적·윤리적으로 아슬아슬한 선까지 접근한다. 이 집착이 엘리트를 엘리트로 만드는 원동력이지만 마지막에는 본인의 파멸을 초래하는 요인이 되는 것이다.

그래서 '엘리트야말로 미의식이 필요하다'는 것이다.

지나치게 높은 달성 동기와 범죄의 연관성을 생각할 때 가장 먼저 떠오르는 인물이 있다. 과거 엔론의 CEO를 역임하면서 1,000억 원 이상의 높은 연봉을 받았던 제프리 스킬링Jeffrey Skilling 이다.

스킬링은 하버드 비즈니스 스쿨을 졸업한 후에 맥킨지에 입사, 그곳에서 사상 최연소 파트너로 승진한다. 이윽고 자신이 담당하던 고객인 엔론의 창업자 케네스 레이Kenneth Lay의 요청으로 엔론의 CEO로 취임하지만, 그 후 조직 전체의 분식결산에 손을 대고 결국 실형 판결을 받는다.

이는 '달성 동기가 강한 사람'이 밟기 쉬운, 전형적인 제트코스터 경력이라고 할 수 있다. 엔론 사건은 금액의 크기가 너무 컸다는 점도 있어서 '보기 드문 엘리트의 몰락'이라는 문맥으로 회자되었지만, 사실 이것은 '흔히 있는 일'이다.

흥미 깊은 점은 이 재판 과정에서 스킬링 쪽이 전개한 항변이다. 이해하기 쉽게 설명하면 "다른 사람들 모두가 하는 일인데 우리만 고발을 당했다는 사실을 인정하기 어렵다"는 내용이다. 이것은 자신들이 하는 행위의 윤리적인 시비는 어찌 되었든 법률이나 관습(모두가 하는 일)에 비춰 자신들의 행위에 위법성은 없다는 주장이다.

그러나 이미 지적했듯이 구조 변화가 심한 사회에서는 이런 실정법주의 사고방식은 윤리적으로 용서받을 수 없는 영역까지 침범할 가능성이 높다.

법률에 비춰보면 적법하다고 해야 할까, 애당초 참조해야 할 법률이 명확하지 않은 상황에서 법규의 선에 아슬아슬하게 걸쳐 있다고 해야 할까. 이 어려움 속에서 판단의 근거가 되는 것은 자연법주의이다. 알기 쉽게 표현하면 도덕과 세계관이라는 개인의 내면적 규범, 즉 미의식이라고 할 수 있다.

'세계의 엘리트는 왜 미의식을 단련하는가?'라는 질문에 대한 해답이 여기에 있다.

거대한 권력을 움켜쥐고 타인의 인생을 좌우하는 영향력을 갖고 있는 사람들이 엘리트다. 그런 입장에 놓여 있는 인물이야말로 미의식에 바탕을 둔 자기 규범을 갖춰야 한다. 사회에 대한 영향력이 큰 만큼 '법률적으로는 OK'라는 기준과는 별도로, 보다 보편적인 규칙을 갖고 자신의 능력을 제어해야 한다.

《혁신 기업의 딜레마》의 저자인 클레이튼 크리스텐슨Clayton M. Christensen은 2010년 하버드대학교 졸업생 앞에서, 제프리 스킬링을 포함한 동창생 몇 명이 범죄를 저질러 결과적으로 영광으로 가득

찬 인생을 몰락시킨 사실을 언급하면서 '범죄자가 되지 않기 위해'라는 제목으로 연설을 했다.

"인생을 평가하는 나름대로의 잣대를 가져라."

그가 연설에서 조언한 말이다. 이것은 내가 이 책에서 하고 싶은 말과 기본적으로 같다.

수치 문화에서
벗어나려면

지금까지 두 가지 사항을 지적했다.

시스템이 급격하게 변화하는 사회에서는 명문화된 법률에만 의지하는 실정법주의는 위험하며, 내재화된 윤리나 미의식을 갖추는 것이 중요하다는 것.

그리고 엘리트는 달성 동기가 지나치게 높아 자주 회색지대에 발을 들여놓는 경향이 있기 때문에 더더욱 윤리와 미의식을 갖춰야 한다는 것.

이는 곧 '악이란 무엇인가' '범죄란 무엇인가' 하는 문제를 고찰하는 역량이 중요하다는 뜻이다.

이와 관련해 약 반 세기 전에 '일본인을 선악의 규범으로 묶기는 어렵다'고 지적한 사람이 있다. 문화인류학자 루스 베네딕트 _{Ruth F. Benedict}다.

베네딕트의 일본문화 연구서《국화와 칼》은 세계적인 베스트셀러가 되었는데, 이 책의 뿌리는 제2차 세계대전 중에 미국이 적국인 일본의 문화를 연구해 그 의사결정과 행동양식의 패턴을 이해하기 위해 집필한 것이다.

이 책에 따르면 세계 각국은 '죄의식 문화'와 '수치 문화' 두 가지로 크게 구별할 수 있다. 일본은 그중에서 수치 문화에 속하는데, 수치 문화는 유대교와 크리스트교의 문화인 죄의식 문화와 대비된다. 베네딕트는《국화와 칼》에서 다음과 같이 말했다.

모든 문화의 인류학적 연구에 있어서 중요한 점은 수치를 중시하는 문화와 죄의식을 중시하는 문화를 구별하는 것이다. 도덕의 절대적 기준을 이야기하고 각자의 양심 계발에 의지하는 사회는 '죄의식 문화'라고 정의할 수 있다.

나는 지금까지 내부에서 발생하는 윤리관이나 미의식을 따르는 것이 중요하다고 말하면서 일본의 벤처 기업과 실리콘밸리의 벤처 기업은 왜 그렇게 미의식이 다른지 문제를 제기해왔다. 어쩌면 미국은 죄의식 문화이며, 일본은 수치 문화라고 표현한 베네딕트의 지적과 관계가 있을지도 모른다. 계속 인용해보자.

수치가 중요한 사회적 강제력으로 갖춰져 있는 나라에서는 고해 스님에게 자신의 죄를 털어놓는다고 해도 그 죄의식은 줄어들지 않는다.

이 말은 곧 죄의식은 구제받을 수 있지만 수치는 구제받을 수 없다는 의미다. 생각해보면 무서운 뜻이다. 서양의 죄의식 문화에서는 고해를 통해 죄를 구제받을 수 있다. 덧붙여 이 습관은 크리스트교의 전통처럼 여겨지지만, 사실 고해가 크리스트교도에게 의무가 된 것은 1215년의 제4회 라테라노 공의회Lateran Council(로마의 라테라노 대성당에서 5회에 걸쳐 열린 세계교회회의)에서였으니 뜻밖에도 최근의 일이다. 이 공의회에서 신자들은 1년에 한 번, 성적인 내용까지 포함해 광장에서 자신이 저지른 죄를 주변에 고백한다는, 터무니없는 의무를 짊어지게 된다. 이런 의무가 정신문화에 커다란 영향을 끼치지 않았을 리 없다. 프랑스 사상가 미셸 푸코_{Michel P. Foucault}는 이를 두고 "유럽인의 근대적 자아 성립을 촉진한다는 점에서 역사적 사건이다"라고 지적했다.

◎　　　어떤 회사의 상식은 다른 회사의 비상식

반면 배네딕트는 수치 문화에서는 고해라는 습관이 없다고 지적했다. 그 문화에서는 설사 그것이 악행이라고 해도 세상에 알려지지 않는 한 걱정할 필요가 없기 때문이다.

　베네딕트의 지적을 토대로 고찰해보면, 일본인에게 있어서 수치는 행동을 규정하는 가장 큰 축이다. 그것은 곧 사람들이 자신의 행동 하나하나에 대해 세상의 이목을 신경 쓴다는 뜻이다. 이 경우, 그 또는 그녀는 '자신이 소속되어 있는 조직'에서 다른 사람들이 근거로 삼고 있는 법률이나 규범을 따르는 것이 현명한 일이며 보다 우수하다고 여기게 된다.

　마지막으로 베네딕트는 이렇게 정리하고 있다.

일본인 특유의 문제는, 그들은 어떤 규정을 지키며 행동하고 있을 때 타인은 반드시 그런 자신의 행동의 미묘한 뉘앙스를 이해해준다는 안도감을 느끼며 생활하도록 자랐다는 것이다.

몇 군데의 회사를 거쳐온 내가 베네딕트의 글을 읽고 느낀 것은 '어떤 회사의 상식은 다른 회사의 비상식'이라는 것이다. 덴쓰에 근무하고 있는 사람은 덴쓰에서 통하는 상식을 '세상의 상식'이라고 착각하고, 콘페리헤이그룹에서 근무하는 사람은 콘페리헤이그룹에서 통하는 상식을 역시 '세상의 상식'이라고 착각한다. 즉, 상식이라는 것은 장소 맞춤형site specific이다.

몇 번씩 이직을 하면 자신이 소속되어 있던 회사(세상)에서의 상식이 그곳에서만 통하는 상식이라는 사실을 인식할 수 있지만, 같은 회사에 계속 근무할 경우에는 그런 상대화가 어렵다. 회사라는 '좁은 세상'의 상식이 사회라는 '넓은 세상'의 상식과 다르다는 사실을 깨닫지 못한다.

여기에서 '세상의 다층성'이라는 문제가 등장한다.

어떤 회사의 상식, 베네딕트의 지적을 빌릴 경우 '규정'이 장소 맞춤형이라면 그것을 맹목적으로 따르는 것은 '넓은 세상의 규정'에 위반되는 행동일 수 있다. 그러나 그들은 '좁은 세상의 규정'을 따르지 않을 수 없다. 수치는 죄의식과 달리 구제받을 수 없기 때문이다. 수치는 '좁은 세상(회사)'에서의 심리적·물리적 추방을 의미한다. 그것은 성과를 내지 못하는 사람이라는 평가를 받아 무시당하는 것, 동료에게 경멸의 대상이 되는 것, 명예퇴직 권고를 받는 것이다.

구제받을 수 없는 수치에 대한 두려움 때문에 좁은 세상의 규정을 맹목적으로 따를 수밖에 없어서 발생하는 것이 법률 위반이라고 생각하면, 이 문제를 해결하기 위한 본질적인 방책이 자연스럽게 떠오른다.

세상은 '좁은 세상의 규정'을 따르는 반면 '넓은 세상의 규정'을 외면한 사람을 공공장소로 끌어내어 형벌을 가하는 방식으로 '넓은 세상의 규정'을 지키려고 한다. 하지만 각 개인의 입장에서 생각할 때의 이익은 어디까지나 '좁은 세상의 규정'을 따라야 얻을 수 있는 것이기 때문에 이것은 받아들여지기 어렵다.

베네딕트가 이미 반세기 이상 전에 말한 대로, 일본은 사회 전체가 동의하는 도덕의 축을 갖고 있지 않다. 그렇기 때문에 행동을 규정하는 버팀목은 아무래도 좁은 세상의 규정이 될 수밖에 없고, 그것은 수치 문화를 형성한다.

그런 사회에서 어떻게 좁은 세상의 규정을 상대화하고, 그 규정이 이상하다고 간파할 수 있는 판단 능력을 갖출 수 있을까?

해답은 두 가지다.

하나는 노동력의 유동성을 높이는 것이다. 자신이 소속되어 있는 '좁은 세상의 규정'을 냉정하게 돌아볼 수 있을 정도로 다른 문화를 체험하는 것이다. 그런 체험을 얻은 사람이 많을수록 좁은 세상의 규정이 절대화되거나 절대화된 규정에 의해 발생하는 폭주를 막을 가능성이 높아진다.

또 하나는 미의식을 기르는 것이다. 미의식을 이해하기 쉽게 영어로 표현하면 스타일style, 프랑스어로 표현하면 에스프리esprit라고 할 수 있다. 진정한 의미에서의 '교양'이라고 표현할 수도 있다. 요컨대 눈앞에서 버젓이 통용되고 있는 규정이나 평가 기준을 '상대화할 수 있는 지성'을 갖추는 것이 중요하다.

예측 불가능한
세 상 을
이기는 힘

④ ⎯⎯⎯⎯⎯⎯⎯⎯⎯

어느 뇌 수술 환자에 대한 기록

뇌신경학자 안토니오 다마지오Antonio R. Damasio는 의사결정을 할 때 '논리와 직감' '이성과 감성'의 균형이 매우 중요하다는 것을 뇌 과학의 관점에서 풀어낸 사람이다.

다마지오는 수리數理와 언어를 담당하는 '논리적이고 이성적'인 뇌 기능이 전혀 손상되지 않았음에도 사회적인 의사결정 능력이 파멸적으로 결여되어 있는 수많은 환자들을 신경생리학자의 입장에서 관찰했다. 그 결과, 적시·적절한 의사결정에는 이성과 정동情動(희로애락과 같이 일시적으로 급격히 일어나는 감정) 두 가지가 필요하다는 가설, 이른바 소마틱 마커somatic marker 가설을 주장했다.

다마지오의 연구는 의사결정의 품질과 미의식의 관계를 고찰할 때 매우 중요한 시사점을 던져준다. 그러므로 여기에서 다마지오가 이 가설을 생각하기에 이른 경위를 간단히 소개하겠다.

한 환자가 다마지오를 찾아왔다. 엘리엇이라는 이름의 30대 남성은 뇌종양 수술을 받은 후, 논리적·이성적인 추론 능력이 전혀 손상되지 않았음에도 실생활에서의 의사결정에 커다란 어려움을 느껴 힘들어했다. 다마지오는 엘리엇을 상대로, 특히 전두엽의 활동을 검사하기 위해 다양한 신경심리학적 테스트를 실시했다. 결과는 지능지수를 비롯해 전반적으로 매우 우수했고, 실생활에서의 의사결정에 문제를 일으킬 수 있는 증상은 전혀 찾아볼 수 없었다. 다마지오는 당황했다.

이 검사를 통해 엘리엇은 정상적인 지성을 지니고 있으면서도 적절한 결단을 내리지 못하는, 특히 그것이 개인적 또는 사회적인 문제와 관련이 있을 때 결단을 내리지 못하는 인물이라는 사실을 확인할 수 있었다. 개인적·사회적 영역에서의 추론이나 의사결정 방식은 물체나 공간이나 수나 언어가 관계되어 있는 영역에서의 추론 방법이나 사고 방법과는 다르다는 의미일까? 그것들은 다른 신경계나 프로세스에 의존하고 있다는 의미일까?

안토니오 다마지오 《데카르트의 오류》

타개책을 찾지 못한 채 일단 이 문제에서 벗어나기로 한 다마지오는 어느 순간 엘리엇이 보여준 '어떤 경향'이 문제를 푸는 열쇠가 아닐까, 착안했다. 그 어떤 경향이란, 감수성이나 정동의 극단적 감퇴 현상이었다.

다마지오는 엘리엇이 자신의 비참한 상황을 마치 제삼자처럼 초연한 태도로 아무런 감정도 보이지 않고 담담하게 말하는 모습을 계속 접하던 도중 무엇인가 이상하다는 사실을 깨달았다. 그리고 비참한 사고나 재해 관련 사진을 봐도 감정적인 반응이 거의 없다는 점, 뇌 수술 전에는 매우 흥미를 갖고 있던 음악이나 회화에 대해 수술 이후에는 아무런 감정도 느끼지 않게 되었다는 점을 깨달았다. 이를 통해 사회적인 의사결정 능력과 정동에는 지금까지 간과해온 중대한 연결고리가 있는 것은 아닐까, 하는 가설을 세우기에 이른다.

그 후 이 가설을 검증하기 위해 엘리엇과 마찬가지로 뇌 전두전야에 손상을 입은 열두 명의 환자를 연구한 결과, 모든 케이스에서 '정동의 극단적 감퇴와 의사결정 장애'가 비슷하게 발생한다는 사실을 간파했다. 이 발견을 바탕으로 고찰을 거듭한 끝에 그는 소마틱 마커 가설을 주장하게 된 것이다.

⦿ 의사결정의 두 가지 조건

당신이 전제에 대한 비용편익 분석 같은 것을 적용하기 전에, 그리고 문제를 해결하기 위한 추론을 진행하기 전에, 매우 중요한 일이 발생한다. 예를 들면, 특정적 반응 옵션과의 관련에 의해 나쁜 결과가 머릿속에 떠오르면 아무리 미약한 것이라 해도 당신은 어떤 불쾌한 '직감적 감정gut feeling'을 경험하게 된다. 그 감정은 신체와 관련된 것이기에 나는 이 현상에 '소마틱한 상태'라는 전문용어를 사용한다(소마soma는 그리스어로 '신체'를 의미). 그리고 그 감정은 하나의 이미지를 마크mark하기 때문에 나는 그것을 '마커marker'라고 부른다.

안토니오 다마지오《데카르트의 오류》

소마틱 마커 가설에 대해 정리하면 이렇다.

정보에 접촉하는 과정에서 생기는 감정이나 신체적 반응(땀이 난다, 심장이 두근거린다, 입이 마른다 등)은 뇌의 전두전야 복내측에 영향을 미치게 되고, 그로 인해 눈앞의 정보에 대해 '좋다' 또는 '나쁘다'는 판단을 내리게 한다. 그리고 더욱 놀라운 것은 그런 감정이나 신체적 반응이 의사결정의 효율마저 높인다는 것이다.

이 가설에 따르면, 지금까지 알려져온 상식 '의사결정은 되도록 감정을 배제하고 이성적으로 해야 한다'는 것은 완벽한 오류다. 오히려 의사결정을 할 때는 적극적으로 감정을 도입해야 한다는 결론이 나온다.

다마지오에 의하면, 우리는 무한대로 존재하는 옵션 중에서 우선 소마틱 마커를 통해 몇 가지 '있을 수 없는 옵션'을 배제하고, 남은 몇 가지 옵션 중에서 논리적·이성적 추론과 사고를 바탕으로 최종안을 선택하는 과정을 거쳐 의사를 결정한다. 그런데 엘리엇을 비롯한, 전두전야에 손상을 입은 사람들이 아무리 시간이 흘러도 의사결정을 하지 못하는 이유는 옵션을 축약할 수 없기 때문이라는 것이다.

소마틱 마커 가설에는 다양한 반론도 있어 현 시점에서는 문자 그대로 가설의 영역에 머물러 있다. 그러나 다마지오가 그의 저서 《데카르트의 오류》에서 보고하는 수많은 가슴 아픈 증상들은 우리에게 사회적 판단이나 의사결정은 매우 복잡한 행위임을 깨우쳐준다. 또한 그것을 수행하는 데 있어서 우리가 실제로 자신의 인식보다 훨씬 많은 요인을 직감적으로 고찰하고 있다는 사실을 시사한다.

왜
마인드풀니스인가?

의사결정에서 정동이 발하는 소마틱 마커가 매우 중요하다면, 이것을 어떻게 다루는가에 따라 의사결정의 품질, 나아가 '인생의 품질'이 바뀔 수 있을 것이다.

소마틱 마커를 문자 그대로 '신체가 발하는 신호'라고 할 때, 나타난 신호를 얼마나 정밀하게 포착할 수 있는가가 중요한 포인트다. 하지만 '신체나 뇌가 발신하는 신호'를 과연 어떻게 포착할 수 있단 말인가? 다행히 안심해도 좋다. 신체가 발신하는 소마틱 마커를 정확하게 포착하는 기술은 지금도 엄청난 기세로 정리되고 있으며 다양한 미디어와 워크숍에서 소개하고 있다. 이른바 마인드풀니스mindfullness(마음 챙김)다.

이미 알고 있는 사람도 있겠지만, 최근에 대부분의 기업이나 교육 기관에서는 마인드풀니스를 실행하고 있다. 구글에서는 마인드풀니스가 가장 인기 있는 연수 프로그램이며 대기자 명단에 수백 명이 줄을 서 있다고 한다. 그 밖에도 인텔, 페이스북, 링크드인, P&G, 포드, 맥킨지, 골드만삭스 등의 기업이 사원 교육에 마인드풀니스 프로그램을 도입하고 있다. 하버드대학교, 스탠퍼드대학교, 캘리포니아대학교 버클리캠퍼스(이하 UC버클리) 등의 비즈니스 스쿨에서도 마인드풀니스 커리큘럼을 구성해 운영 중이다.

그다지 익숙하지 않은 사람을 위해 마인드풀니스가 무엇인지 간단히 설명하겠다. 매사추세츠대학교 의과대학 존 카밧진Jon Kabat-

Zinn 박사의 정의에 따르면, '평가나 판단을 하는 일 없이 의도적으로, 지금 이 순간에 주의를 집중할 때 떠오르는 의식'이라고 한다. 쉽게 이해할 수 없는 정의다. 알기 쉽게 말하면 '과거나 미래에 의식을 빼앗기지 않고 현재 있는 그대로의 상태, 예를 들어 자신의 신체에 어떤 반응이 일어나고 있는가, 어떤 감정이 끓어오르는가 등 이 순간에 자신의 내부에서 생겨나는 현상에 주의를 기울이는 것'이다.

◉ 미래 리더의 필수 소양, 자기인식

마인드풀니스가, 신체가 발하는 정동에 의한 신호(소마틱 마커)를 정밀하게 포착하는 능력을 높여준다는 점은 쉽게 상상할 수 있다.

현재 많은 기업에서 마인드풀니스 트레이닝을 하고 있다. 이것은 '자기인식self awareness'의 중요성을 알고 있기 때문이다.

비즈니스 스쿨의 목적은 비즈니스를 이끄는 리더를 육성하는 것이다. 그렇다면 최근에 요구되는 리더의 소양으로서 가장 중요도가 높은 것은 무엇일까?

콘페리헤이그룹은 전 세계에서 실시하고 있는 리더십 평가

leadership assessment 결과에서, 변화가 심한 상황에서도 지속적으로 성과를 올리는 리더들이 공통적으로 보여주는 인격personality으로서 자기인식 능력이 매우 높다는 사실을 발견했다.

자기인식이란, 자신의 강점과 약점, 가치관이나 지향성 등 자신의 내부에 존재하는 것들을 깨닫는 능력이다. 현재 많은 교육 및 연구 기관에서도 자기인식의 중요성을 높이 판단하고 있다. 스탠퍼드 비즈니스 스쿨에서는 교수진으로 구성되는 평의회에서 '미래 비즈니스 리더의 소양으로서 가장 중요한 덕목은 무엇인가?'라는 주제로 논의를 한 결과, 만장일치로 자기인식이라는 결론에 이르렀다.

아름답다면
그것이 정답이다

다시 한 번 소마틱 마커 가설에서 나왔던 엘리엇을 떠올려보자.

엘리엇은 논리적·이성적 정보처리 능력이 전혀 손상되지 않았음에도 가정에서나 일에서나 제대로 된 의사결정을 내리지 못했다. 다마지오의 가설에 의하면, 엘리엇은 뇌의 전두전야 대부분을 제거한 결과 신체가 보내는 미세하지만 중요한 징후(소마틱 마커)를 포착할 수 없게 되어 의사결정에 어려움을 겪었다.

그리고 현재 세계에서 가장 난이도가 높은 문제에 도전하는 사람들에게 가장 중요한 자질은 자기인식이며, 이를 높이기 위한 트레이닝으로써 마인드풀니스가 세계적으로 추진되고 있다.

그 원리를 구체적으로 말하면 이렇다. 마인드풀니스의 중심을 이루는 명상을 하면, 관자놀이 안쪽의 도피질과 전두전야, 즉 이마의 툭 튀어나온 부분의 피질 두께가 증가한다는 사실이 밝혀졌다. 그중 도피질은 신체에서 발생한 감각을 포착해 그 신호를 뇌의 적절한 부위로 연결하는 기능이 있어서 자기인식을 높이는 데 매우 중요한 역할을 맡고 있다.

최근의 뇌 연구에 따르면, 전두전야는 '아름다움을 느끼는 역할'도 담당한다고 한다. 런던대학교 신경생물학연구소의 이시즈 토모히로石津智大 연구원이 소속된 신경미학 팀에서 한 가지 실험을 했다. '아름다움'에 반응하는 뇌의 활동을 탐색하기 위해 인종이나 종교가 다른 22~34세의 건강한 남녀 21명의 뇌를 기능적 자기

공명영상fMRI을 사용해 측정해봤다. 그 결과, 사람이 아름다움을 느꼈을 때는 전두엽 일부에 있는 내측안와전두피질 영역에서 혈액의 양이 증가한다는 사실을 확인할 수 있었다. 그리고 이 부위는 동시에, 자신의 의식이나 주의를 어디로 향하고 어떤 식으로 컨트롤할 것인지를 결정하는 의사결정의 중추와 관련이 있다는 사실도 밝혀졌다.

엘리엇은 수술 때문에 뇌의 전두전야를 잃었다. 그로 인해 개인적·사회적 의사결정 능력을 상실함과 동시에 음악이나 회화 작품에 감동을 느끼는 능력, 바로 미의식을 잃어버렸다.

복잡한 상황에서 적시·적절하게 의사결정을 내릴 수 있는 능력은 고도의 논리적이고 이성적인 기술과 관련이 있다는 것이 지금까지의 통설이었다. 그러나 다마지오의 소마틱 마커 가설과 지금까지 내가 소개해온 다양한 식견을 조합해보면 다음과 같은 추론을 해볼 수 있다.

"고도의 의사결정 능력은 직감적이고 감성적인 것이며 우리는 회화나 음악을 '아름답다고 느끼는' 것과 마찬가지로 의사결정을 내리고 있는지도 모른다."

이 가설이 옳은 것이라면 회화와 음악을 감상하면서 미의식을 단련하는 엘리트는 그야말로 '바람직한' 노력을 하고 있는 셈이나.

새 로 운
컴 피 턴 시 를
키 워 라

점수는 높지만 미의식은
형편없는 사람들

'엘리트'와 '미의식'에 관해서 고찰할 때, 아무래도 피할 수 없는 소재가 옴진리교オウム真理教(1984년 생성된 일본의 종교 단체로, 1995년 3월 20일 도쿄 지하철에 사린가스를 살포하는 테러를 저질러 널리 알려짐)다. 점수는 높지만 미의식이 낮은 지금의 엘리트 조직이 끌어안기 쉬운 '어두운 부분'을 이 정도까지 알기 쉬운 형태로 보여준 예는 없다.

옴진리교라는 종교 집단의 특징 중 하나는 간부들이 모두 높은 학력을 갖춘 사람들이었다는 점이다. 유죄 판결을 받은 옴진리교 간부들의 명단을 보면 도쿄대학교 의학부를 필두로 높은 학력을 갖춘 인물이 꽤 많았다. 지하철 사린가스 사건으로 세상이 떠들썩했을 무렵, 유명 대학을 졸업한 인재 중의 인재들이 왜 그런 사악하고 어리석은 행위에 손을 댄 것인지 여러 매체에서 논의가 벌어졌다.

그러나 나는 이런 의문 자체가 핵심을 벗어났다고 본다.

여러 매체의 해설자들의 말을 빌리면, 옴진리교의 간부들은 '앞날이 창창한 엘리트 후보였음에도 어리석고 사악한 종교에 귀의했다'는 식으로 두 가지 사실을 정합성이 없는 역접逆接으로 연결하고 있다. 하지만 나는 반대로 그들이 바로 '엘리트였기에 옴진리교에 귀의한 것'이라고 생각한다.

그 이유는 옴진리교가 주장했던 독특한 위계 시스템에 있다.

옴진리교에서는 수행 체계가 소승小乘에서 대승大乘, 대승에서

금강승金剛乘으로 올라가는 매우 단순하고 이해하기 쉬운 계층을 기본적으로 제시한다. 하지만 교주가 주장하는 수행을 하면 순식간에 계층을 뛰어넘어 해탈할 수 있었다.

이것은 옴진리교에 귀의한 엘리트들이 일찍이 학원에서 들었던 말과 똑같다. 옴진리교 간부 대부분이 사건 이후에 수기나 회상록을 저술했는데, 그 책을 읽어보면 다음과 같은 사실을 알 수 있다. 그들 대부분은 대학을 나온 뒤에 사회에 진출했지만, 세상의 불합리나 부조리에 상처를 받고 분노와 절망에 휩싸여 옴진리교에 발을 들여놓았다는 사실이다.

그들의 입장에서 볼 때, 수험 공부는 결코 일반적으로 이야기하는 힘들고 고통스러운 것만은 아니었을 것이다. 공부를 하면 하는 만큼 점수가 오르고, 그 점수에 의해 계층이 정해지는 이해하기 쉬운 시스템. 그들의 입장에서 이것은 매우 만족스러운 시스템이었을 것이다.

하지만 그런 '이해하기 쉽고 기분 좋은 미래'는 실제 사회에서는 존재하지 않는다. 아무리 열심히 노력을 해도 보답을 받지 못하는 사람이 있는 한편, 단순히 운이 좋아서 커다란 부와 명성을 손에 넣는 사람도 있다. 그뿐 아니라 도덕적으로는 매우 바람직하지 않은, 마치 사기와 같은 비즈니스를 하면서 향락적인 생활을 누리는 사람도 적지 않다.

그들 대부분은 이런 사회 현실에 환멸을 느끼고 도피하듯, 일찍이 그들을 만족스럽게 했던 이해하기 쉬운 위계 시스템이 갖춰져 있는 사회인 옴진리교로 향한 것이 아닐까?

이해하기 쉬운 위계 시스템, 즉 강력한 과학이 지배하는 조직에서 예술은 어떻게 다루어졌을까?

소설가 미야우치 가쓰스케宮內勝典는 저서《선악의 피안으로善惡の彼岸へ》에서 '옴진리교에서의 예술'에 대해 다음과 같이 썼다.

옴 시스터즈Aum Sisters(옴진리교에서 1990년에 출간한 네 명의 소녀를 멤버로 한 아이돌 그룹)의 무대를 봤을 때, 너무 서툴러서 깜짝 놀랐다. 그야말로 초보자 이하의 수준이었다. 어이가 없는 한편, 이것은 웃고 넘길 수 없는 중요한 문제라는 생각이 들었다. 옴 시스터즈가 기자회견을 할 때 뒤쪽에 비치는 만다라曼荼羅가 너무나 치졸하다는 느낌이 계속 마음에 걸렸기 때문이다. (…)

아사하라 쇼코麻原彰晃(옴진리교 창시자)의 책이나 옴진리교의 미디어 표현에 깔려 있는 특징을 단적으로 말한다면 '아름다움'이 전혀 느껴지지 않는다는 것이다. 출가한 사람들이 모이는 사찰이어야 할 사티안Satian(옴진리교가 내부 시설인 각 건물 앞에 붙인 말)이 미의식은 전혀 없는 공장 같은 건물이었다는 사실을 상기하기 바란다.

그리고 미야우치는 극단적인 '미의식 결여'와 나란히 옴진리교라는 조직이 갖추고 있는 또 한 가지의 특징으로 '극단적인 시스템 지향'을 지적했다.

> 소승, 대승, 금강승이라는 계층성이 강조되어서, 마치 밑줄을 그으며 수험공부라도 하는 듯 극도의 시스템적인 교의敎義를 보여준다. 이는 '그대로 수행을 하면 높은 경지에 이를 수 있다' '초인이 될 수 있다'라고 강조하는, 통신교육에서 이용하는 교재와도 닮았다. (…)
> 표준점수를 획득하기 위한 교육만을 받을 수밖에 없었던 세대는, 미의식이나 심성이 결여된 아사하라의 책을 읽고 계층성만을 강조하는 언뜻 논리적인 교의에 아무런 위화감도 없이 자연스럽게 동조해버린 것이다. 나중에 옴진리교 신자들과 대화를 나누어보고 그들이 문학 서적을 거의 접하지 않았다는 사실을 알 수 있었다. 그들은 '아름다움'을 모른다. 불교 안에 울려 퍼진 음색을 듣지 못한다. 그들에게는 언어의 미묘한 뉘앙스를 포착해 진위를 간파하는 능력도, 통찰력도 없었다.

미야우치의 지적을 정리하면 옴진리교라는 조직의 특징은 '극단적인 미의식 결여'와 '극단적인 계층성'이라고 말할 수 있다. 이것을 이 책의 틀에 적용해 설명하면, '예술과 과학의 균형'이 극단적으로 과학 쪽으로만 치우친 조직이라고 말할 수 있다.

정서나 감성을 육성할 기회는 얻지 못하고 수험 공부에서만 승리를 거둔 엘리트들. 그들은 이른바 '극단적으로 단순화된 계층성에 적응된 자들'이었다. 그리고 극단적으로 단순화된 시스템 안에서야 비로소 안심하고 빛을 낼 수 있는 사람들이었다. 그러나 실제 사회는 부조리와 불합리로 가득 차 있고, 그곳에서는 '옳고 그름을 모두 소화할 수 있는' 균형 감각이 필요하다. 그들은 그런 사회에 적응할 수 없어 옴진리교에 발을 들여놓았고, 이윽고 외부 세계를 마야maya(환영과 허위가 가득한 세계)로 인식, 소멸시켜버리려 했다.

엘리트는 왜 옴진리교 시스템을 좋아할까?

독자 여러분은 왜 비즈니스와는 무관해 보이는 컬트 교단인 옴진리교에 대해 이야기하는 것인지 의아해할 것이다. 나는 미야우치가 지적한 옴진리교의 조직 특성, 즉 '미의식의 결여'와 '극단적인 시스템 지향'이 어떤 종류의 조직과 매우 유사하다는 점에 신경이 쓰였다.

업계의 특성이라고 뭉뚱그리면 반론이 나올 수 있겠지만, 내가 옴진리교와 유사하다고 느끼는 두 가지 업계를 굳이 지명한다면 '전략컨설팅 업계'와 '신흥 벤처 업계'다.

내가 덴쓰에서 퇴직하고 미국의 전략컨설팅 회사로 이직한 것은 2002년의 일이다. 옴진리교가 지하철 사린가스 사건을 일으킨 것은 1995년의 일로 나는 이 사건을 계기로 컬트 교단에 흥미를 느끼고 연구에 빠져들었다. 그리고 2002년, 전략컨설팅 회사로 이직한 후 입사 연수에서였다. 승진과 평가 시스템에 관한 설명을 듣는데 그 순간 "이 조직은 옴진리교의 구조와 똑같구나" 하고 느꼈다.

구체적인 예를 들어보겠다.

먼저 극단적인 계층성과 시스템화 측면이다.

대부분의 일반 기업은 보통 여덟아홉 가지 정도로 계층이 설정되어 있는 반면, 컨설팅 회사는 네 가지 계층밖에 없다.

신규 졸업자로 입사하면 애널리스트_{analyst}가 되고, 이윽고 중견

어소시에이트associate로 승격, 그중의 극히 일부가 매니저manager로 승진하며, 최종적으로는 파트너partner가 되는 매우 단순한 구조다.

요즘 조직에서는 '다양성'이 중요한 주제로 부각되면서 그 요청을 받아들여 여러 종류의 경력을 쌓을 수 있는 이른바 '복선형 인사등급 제도'를 도입하는 추세다. 하지만 전략컨설팅 업계는 그와 반대로 매우 단선적이면서 계층이 명확한 등급 제도를 추구한다.

그 명확한 계층성을 단적으로 보여주는 예가 보수 제도다.

전략컨설팅 회사에서의 보수 수준은 한 계층을 올라갈 때마다 두 배씩 증가한다. 신규졸업자가 1이라고 하면, 중견은 2, 매니저는 4, 파트너는 8이다.

일반 기업의 승급 수준이 몇 % 정도라는 점을 생각하면 각 단계마다 100%씩 차이가 난다는 것은 매우 놀라운 일이다. 이 역시 계층성을 명확히 하기 위한 하나의 요인이라고 할 수 있다.

또 다른 예는, '무엇을 해야 위로 올라갈 수 있는가'가 명확하게 정해져 있다는 점이다. 전략컨설팅 회사의 승진 조건은 매우 정량적이며, 덕망이나 견식이라는 정서적인 측면은 거의 포함되어 있지 않다.

한마디로 생산성만을 중시하고 덕망이나 미의식은 따지지 않는다는 것이다.

이렇게 이해하기 쉬운 계층성, 기계적이고 명확한 승진 시스템은 앞에서 설명한 옴진리교의 구조와 매우 유사하다.

옴진리교의 교주 아사하라 쇼코가 제자들을 대상으로 강의를 한 기록이 남아 있는데, 그 내용을 읽어보면 매우 흥미롭다.

아사하라는 틈 날 때마다 '소승, 대승, 금강승'이라는 세 가지 단계를 제시하고, 어떻게 수행을 하면 이 단계를 올라갈 수 있는지 반복적으로 강조했다.

이것은 컨설팅 업계의 상급 임원이 하는 말과 매우 비슷하다.

● 시스템 안에서 고득점만을 올리는 게임

이런 구조는 신흥 벤처 기업에서도 쉽게 찾아볼 수 있다. 이곳에서도 덕망이나 견식은 등한시하고 '빨리 결과를 내는 것'만 중시하는 분위기는 마찬가지다.

과거에 DeNA가 주최하는 투자자 대상 설명회에 참가한 적이 있다.

설명회에서 그들은 사업 제안이나 투자에 관한 의사결정은 철두철미하게 경제성에 바탕을 두었다. 그에 반면, 사업의 의의

나 비전에 대해서는 "그것이 경제적 이익과 연결된다고 여겨질 때만 작성할 뿐 특별히 필요하지 않다"고 못 박았다. 그들의 설명에 기함할 따름이었다.

시스템으로서 이보다 이해하기 쉬운 구조는 없을 것이다. 어떻게 해서든 결과만 내면 대기업 직원이 수십 년에 걸쳐 오를 수 있는 계단을 불과 몇 년 만에 뛰어올라 고액의 보수를 받을 수 있는 구조가 아닌가!

덧붙여 전략컨설팅 업계와 신흥 벤처 업계는 언뜻 보면 인재 교류가 별로 없어 보이지만, 최근에는 달라지고 있다. 신규 졸업자가 컨설팅 회사에 입사한 후 도중에 신흥 벤처 기업으로 이직해 경력을 쌓는 일이 패턴화되어가고 있다.

DeNA의 창업 멤버 대부분이 전략컨설팅 회사 출신이었다는 점을 생각해보면 이런 업계에 모이는 사람들의 공통된 '사고 양식'을 이해할 수 있다. 그것은 '사회라는 시스템의 옳고 그름을 가리지 않고, 그 안에서 높은 득점을 얻는 것에만 흥미를 갖는' 사고방식이다.

바로 여기에 '엘리트야말로 미의식을 단련해야 한다'는 주장의 근간과 연결되는 문제가 존재한다.

엘리트는 시스템에 가장 높은 적응력을 갖춘 사람들이다. 이 '시스템에의 적응력'이야말로 그들을 엘리트로 만들어준 것이지만, 반대로 여기에서 문제가 비롯된다. '시스템에 잘 적응한다'는 것과 '보다 나은 인생을 산다'는 것은 전혀 다른 의미이기 때문이다.

대부분의 엘리트는 시스템에 적응해서 보다 빨리 조직의 계단을 달려 올라가 높은 지위와 연봉을 손에 넣는 것을 '보다 나은 인생'이라고 생각한다. 그러나 달성 동기의 문제에서도 지적했듯이 그런 사고의 끝에는 대부분의 경우 파탄이 기다리고 있을 뿐이다.

이해하기 쉬운 시스템을 게임으로 생각하고 그것에서 승리를 거둬 점차 연봉과 지위가 상승할 때, 시스템에 완전히 적응되어 이른바 햄스터처럼 끊임없이 쳇바퀴를 돌고 있을 때, 그때야말로 자신을 보다 높은 차원에서 냉정하게 내려다볼 수 있어야 한다.

그런 메타인지meta cognition(자신이 아는 것과 모르는 것을 자각하는 능력) 능력을 키워서 자신의 '상태'에 대해 시스템 내부의 평가와는 다른 나만의 기준으로 평가하기 위해서라도, 비즈니스 퍼슨에게 미의식은 반드시 필요하다.

현대사회는, 트랜스 사이언스trans science(과학을 초월한 문제) 같은 정의, 즉 과학만능주의에 대한 대안을 찾아야 할 필요성이 60년대보다 더욱 강해졌다.

과학이 아니면 무엇이 해답을 준비해줄 것인지 명확하게 밝히기는 어려운 일이지만, 그 해답 중의 하나로서 '윤리'를 제시할 수 있다.

인간이 무엇을 해야 할 것인지, 무엇을 하면 안 되는 것인지의 기준은 과학으로는 준비할 수 없다.

무라카미 요이치로村上陽一郎(과학철학자) **《와이어드**WIRED**》 2017년 봄**

미의식이라는
컴피턴시

'컴피턴시'는 콘페리헤이그룹의 창업 초기에 다양한 조직개발 및 인재육성과 관련된 콘셉트를 설계한 데이비드 맥클리랜드가 만든 개념이다.

콘페리헤이그룹은 40년 이상에 걸쳐 전 세계의 기업과 비영리조직에서 보기 드문 실적을 남긴 사람들을 다면적으로 관찰하고 분석했다. 업종과 직종을 가리지 않고 그들의 공통적인 행동이나 사고의 패턴을 정리한 끝에, 이를 컴피턴시라 이름 붙였다. 현재는 약 스무 종류의 컴피턴시가 있다고 알려져 있는데, 그 항목 중의 하나가 '성실성'이다.

컴피턴시는 관찰을 통해 귀납적으로 추출된 개념이다. 따라서 컴피턴시의 항목에 성실성이 포함되어 있다는 것은 보기 드문 실적을 올린 많은 사람들이 이 컴피턴시를 높은 수준에서 발휘하고 있다는 뜻이다.

성실성이란 어떤 컴피턴시일까?

성실성이라는 말을 들으면 대부분은 '규칙이나 규정을 잘 따르는 것'이라는 이미지를 떠올린다. 특히 기업의 법률 위반이 끊임없이 이어지는 요즘의 상황을 이해한다면 더욱 그렇게 생각할 것이다.

컴피턴시에는 발휘할 때의 수준이 있다. 성실성의 경우, 주어진 규칙이나 규정을 잘 따르는 것은 낮은 수준의 발휘다. 높은 수준에서 성실성의 컴피턴시를 발휘한다는 것은 어떤 상황을 가리킬까?

성실성의 컴피턴시를 높은 수준에서 보이는 사람은 외부에서 주어진 규정이나 규칙이 아니라, 자신의 내부에 존재하는 기준에 비춰 어려운 판단을 내린다. 이 기준은 장기간에 걸쳐 흔들리지 않는, 일종의 판단의 축으로 작용한다. 그런 행동이나 사고를 발휘하는 사람은 성실성의 컴피턴시를 높은 수준에서 발휘하고 있다고 말할 수 있다.

성실성이라는 말에는 양면성이 있다.

일반적으로 자신이 소속된 회사나 조직에서 공유하는 규칙이나 규범을 순수하게 따르는 것을 성실성이라고 생각하는 경향이 있다. 그러나 만약 그 사회나 조직에서 공유하는 규칙이나 규범이 윤리적으로 문제가 있다면 어떨까?

이런 일은 과거에도 몇 번이나 발생했다.

예를 들어, 미쓰비시모터스는 1977년부터 2000년에 걸쳐 총 열 종류의 차종에서 69만 대의 리콜 가능성이 있다는 사실을 알고서도 이를 숨겼다. 그로 인해 주행 중이던 트럭에서 빠져나온 타이어가 보도를 걷고 있는 어머니와 아이들을 직격, 당시 29세였던 어머니가 사망하고 아이들도 부상을 당하는 비참한 사건이 발생했다.

이후 은폐 사실이 발각되면서 미쓰비시모터스는 심각한 경영 위기에 빠지는데 내가 이해할 수 없는 것은 어떻게 20년 이상이나 이런 대규모의 은폐가 가능했는가 하는 점이다. 중대한 사고를 일으킬 수 있는 문제를 은폐하고, 그리고 실제로 엄청난 사고가 터졌음에도 그것을 감추려는 행동을 수천 명 단위의 조직에서 지속할 수 있었던 이유는 한 가지다.

그것은 이 비논리적인 일에 종사하는 사람들에게 성실성이란, 자신이 소속된 조직의 규범과 규칙을 따르는 것이며, 사회 규범이나 자신의 내부에 존재하는 규범은 따르지 않았다는 것이다.

나치 독일에서의 아돌프 아이히만Adolf Eichmann도 마찬가지다. 아이히만은 나치 독일이 수백만 명의 유태인을 학살하는 행위를 자행하면서 유태인을 체포, 구금, 이송, 처리하기 위한 효율적인 시스템을 만들 때 주도적인 역할을 했던 인물이다. 그는 전쟁이 끝난 이후 아르헨티나에서 도피 생활을 하다가 이스라엘 공작원에게 붙잡혀 이스라엘로 연행되었고, 최종적으로 그곳에서 교수형에 처해졌다.

재판에서 아이히만은 끊임없이 "나는 명령을 따랐을 뿐이다"라는 항변을 되풀이했다. 유태인을 학살하기 위한 구조를 구축하고 그것을 운영한 것은 단순히 소속되어 있는 조직의 규칙과 명령을 따른 것이며 본인의 의사로 그런 행위를 한 것은 아니라는 주장이었다. 이 논리를 바탕으로 아이히만은 철저하게 무죄를 주장했다.

기업 조직에 몸담고 있는 사람들은 어쩌면 '조직의 명령을 따랐을 뿐'이라는 아이히만의 항변에 순간 뜨끔했을지도 모른다. 아이히만과 미쓰비시모터스는 소속된 조직과 사회 규칙 또는 명령을 따른 결과, 악행을 저질렀다는 점에서 동일하다. 성실성이라는 개념을 소속된 조직이나 사회의 규칙과 명령에 순수하게 따르는 것이라고 해석하는 경우, 그 성실성 때문에 죄를 범하고 신변의 파멸을 초래할 수 있다.

이렇게 생각해보면 절대선이라고 여겨지는 성실성이 그 근거가 되는 규범에 따라서는 매우 악랄한 범죄 행위를 구동시키는 동력원이 될 수 있다는 사실을 깨달을 수 있다.

그렇다면 우리는 이 성실성을 어떤 식으로 상대하고 받아들여야 할까?

악이란, 시스템을
비판 없이 받아들이는 것

이 문제에 대해 독일계 유대인 철학자 한나 아렌트Hannah Arendt의 주장을 인용해보자.

한나 아렌트는 아이히만의 재판을 방청하고 그 모습을 《예루살렘의 아이히만》이라는 제목의 책으로 소개했다. 이 책의 핵심은 그 부제인 '악의 진부함에 대한 보고Ein Bericht von der Banalität des Böesen(국내에 출간된 한길사 판에서는 '악의 평범성에 대한 보고서'로 번역됨)다.

'악의 진부함'이라니….

'악'은 평범하지 않은 것, '선'의 반대가 되는 것이다. 통계적으로 보면, 악도 선도 모두 정규 분포에서 말하는 최대치와 최소치의 극단에 자리매김되어 있다.

그러나 아렌트는 군이 '진부함'이라는 단어를 사용했다. 진부란 '너무 흔해서 시시하다'는 의미이므로, 정규 분포의 개념을 적용하면 이것은 최빈값最頻値(통계 자료의 대표값)이 되어 우리가 일반적으로 생각하는 악의 위치와는 크게 달라진다.

아렌트가 여기에서 의도한 것은 우리가 악에 대해 품고 있는 '보통이 아닌, 뭔가 특별한 것'이라는 인식에 대한 또 다른 관점이다.

아렌트는 아이히만이 유태인에 대한 증오나 유럽 대륙에 대한 강렬한 공격성이 아니라, 단순히 순수하게 나치당에서 출세하기 위해 주어진 임무를 열심히 수행하다가 이 무서운 범죄를 저지르기에 이르렀다는 경위를 방청하고, 최종적으로 이렇게 정리했다.

> 악이란, 시스템을 비판 없이 받아들이는 것이다.

그리고 아렌트는 진부라는 말을 사용해 '시스템을 비판 없이 받아들이는 악'은 우리들 누구나가 저지를 수 있는 것이라고 경종을 울렸다.

바꿔 말하면, 일반적으로 우리는 악이 그것을 의도하는 주체에 의해 능동적으로 이루어지는 것이라고 생각한다. 하지만 아렌트는 오히려 그것을 자신의 의도와는 달리 수동적으로 이루어지는, 그렇게 할 생각은 추호도 없었는데도 시스템을 수용하는 것에 의해 결과적으로 악을 범하는 것이라고 지적했다.

아렌트가 지적하듯, 악이 시스템을 수용하고 그것을 순수하게 따르려고 하는 성실성에 의해 발생하는 것이라면, 악에 발을 들여놓지 않기 위해서는 어떻게 해야 할까?

결론은 명백하다. '시스템을 상대화'하는 것이다.

자기 나름의 미의식을 갖고 그 미의식에 비춰 시스템을 비판적으로 바라볼 수 있어야만 악으로부터 멀어질 수 있다. 그러나 또 다른 문제가 발생한다. 시스템에서 배제되면 사회적인 성공을 거두기가 어렵다는 것이다. 여기에 바로 우리가 해결해야 할 어려운 문제가 존재한다.

'시스템을 비판적으로 상대화한다'는 것은 '시스템을 모두 부정한다'는 의미가 아니다. 과거의 역사에서 시스템을 전면적으로 부정해 새로운 시스템을 만들자는 운동은 헤아릴 수 없을 정도로 자주 있었다. 옴진리교 역시 그것의 하나라고 생각할 수 있으며, 히피 운동 Hippie Movement(1960년대부터 1980년대까지 젊은이들이 이끈 사랑과 평화, 화합을 추구하는 운동) 역시 그런 운동의 일종이다.

운동의 성과는 무엇이었을까? 결국 아무것도 바꿀 수 없었다.

그 이유는 '시스템을 모두 부정한다'는 사고방식이 결국 '쓸모없는 시스템 A'를 또 다른 '쓸모없는 시스템 B'로 전환하려는 것으로밖에 받아들여지지 않았기 때문이다.

중요한 것은 시스템의 요구에 적응하면서 그 시스템을 비판적으로 바라보는 태도다. 시스템을 수정할 수 있는 존재는 시스템에 적응한 사람뿐이기 때문이다. 과거에 시스템을 모두 부정하고 이것을 바꾸려 한 사람들은 한결같이 '시스템에서 부정당한 사람들'이었다. 시스템에서 부정당한 사람들이 자신들을 부정한 시스템을 바꾸려한 것이므로 당연히 '시스템을 수정'할 수 없었다.

이제 이해했을 것이다. 시스템에 적응한 사람들이란 곧 엘리트다. 시스템에 최적화되어 있지만 다양한 편익을 제공해주는 시스템에 속지 않고 비판적으로 상대화할 줄 아는 사람. 이것이 그 야말로 21세기를 살아가는 엘리트에게 요구되는 지적 태도다.

아이히만은 조직 인간의 상징이며 남성, 여성, 아이들을 번호로 바라보는 소외된 관료의 상징이다. 그는 우리 모두의 상징이다. 우리는 자신의 내부에서 아이히만을 볼 수 있다. 그러나 그의 가장 무서운 점은 자백을 통해서 모든 내용을 밝힌 뒤에도 진심으로 자신의 무죄를 믿고 그것을 주장했다는 것이다. 그는 다시 똑같은 상황에 놓인다면 마찬가지 행위를 저지를 것이다. 우리도 그럴 것이다…. 아니, 우리도 지금 그런 행위를 저지르고 있다.

에리히 프롬 《불복종에 관하여》

미의식을
경영에
도입하는 법

⑥ _____

열쇠는
　　　'기준의 내부화'

지금까지 글로벌 기업이 미의식 트레이닝을 중시하게 된 배경으로, '논리적 정보처리 스킬의 한계' '자기실현 욕구 시장의 등장' '시스템의 변화를 법규가 따라가지 못하는 세계'라는 세 가지 요인을 소개했다.

그리고 이런 변화 속에서 엘리트로서 적절한 의사결정을 내리려면 본인만의 진·선·미에 관한 기준(미의식)을 높여야 한다는 점도 반복해 이야기했다.

예민한 독자라면 이미 눈치챘을 테지만 이것은 단적으로 리더십의 문제다. 무엇이 진·선·미에 적합한지 판단할 때, '객관적인 외부의 기준'에 의지해 우왕좌왕하는 것이 아니라 자신이 놓인 상황을 분명하게 인식한 상태에서 '주관적인 내부의 기준'에 따라 의사결정을 해야 할 필요가 있기 때문이다.

이제는 진·선·미에 대해 각각 '객관적인 외부의 기준'과 '주관적인 내부의 기준'을 대비시켜 고찰해보기로 하겠다.

우선 '진'에 대해 생각해보자.

현대사회에서 '무엇이 진인가?'를 검토할 때, 가장 보편적으로 이용되는 수법은 논리사고다. 장래에 조직의 리더가 될 것이라고 기대를 받는 엘리트, 또는 엘리트가 되고 싶어 하는 사람 대부분은 연역이나 귀납으로 대표되는 논리사고 스킬을 갖추기 위해 노력한다. 한편 현대사회는 급격하게 뷰카화되고 있다. 대상이 되는 문제가 클수록 문제를 구성하는 인자의 수가 증가하기 때문에, 더 이상 논리적 추론에만 의지해서 의사결정을 하는 태도로는 이 난국을 빠져나가기 어렵다. 이때 논리적인 추론에 대해서는 최선의 노력을 기울이면서, 한편으로 개인의 직감에 바탕을 둔 의사결정을 내릴 수 없다면 조직의 운영은 '분석 마비' 상황에 빠지고 말 것이다.

그리고 이 '논리에서 직감으로'의 전환은 의사결정 기준을 '외부에서 내부로' 전환하는 것일 수밖에 없다.

이번에는 '선'에 대해 생각해보자.

선악의 판단에서 가장 보편적인 기준은 당연히 법률이다. 그러나 이미 몇 번이나 지적한 대로 정보통신 기술과 인공지능이 급속도로 진화하면서 오늘날 다양한 영역에서 '시스템의 변화에 법률 정비가 따라가지 못하는' 상황이 벌어지고 있다.

어떤 국면에서 의사결정을 할 때, 그 결정에 도덕적으로 문제가 없는지를 판단하려면 법률에 비춰 '위법인지 적법인지를 판단'하게 되는데, 그런 판단을 할 수 없는 상황이 벌어지고 있는 것이다.

또한 시스템의 변화를 구동시키는 것은 경쟁이므로 법이 정비되기를 마냥 기다렸다가 의사결정을 내릴 수도 없는 노릇이다.

필연적으로 리더는 법률적으로 흑백이 분명하지 않은 영역에서 의사결정을 해야 하는 상황에 놓이게 된다. 그런 상황에서는 내부적인 선의 규범을 바탕으로 의사결정을 할 수밖에 없다. 즉, '법률이라는 외부 규범'에서 '도덕과 윤리라는 내부 규범'으로의 전환이 필요한 것이다.

마지막으로 '미'에 대해 생각해보자.

지금까지 기업 조직에서 '무엇이 미인가'에 관한 의사결정을 할 때 가장 큰 발언권을 가졌던 사람은 CEO도 디자이너도 아닌 '고객'이었다.

나는 전략 컨설턴트로서 수많은 기업의 제품 개발에 관여해왔다. 디자인을 결정하는 과정에서 개인의 '미적 센스'보다 마케팅 조사에서의 디자인 평가가 중요시된다는 점에서는 자동차 회사든 가전제품 회사든 음료 회사든 대동소이하다고 생각한다.

시장이 국내만으로 한정되어 있다면 상관없겠지만, 지금 형성되어 있는 것은 '전 지구적인 자기실현 욕구의 시장'이다. 이런 시장에서 시장조사라는 '외부'에 '미의 판단'을 맡기는 태도가 정말 경쟁력과 연결이 될까?

이 문제에 대해 디자이너 하라 켄야原研哉는 다음과 같은 날카로운 지적을 했다.

센스가 나쁜 나라에서 정밀한 마케팅을 하면 센스가 나쁜 상품이 만들어지고 그 나라에서는 잘 팔릴 수 있다. 센스가 좋은 나라에서 마케팅을 하면 센스가 좋은 상품이 만들어지고 그 나라에서는 잘 팔릴 수 있다. 상품의 유통이 세계화되지 않는다면 이런 상태로도 별 문제는 없다. 하지만 센스가 나쁜 나라에 센스가 좋은 나라의 상품이 들어오는 경우, 센스가 나쁜 나라 사람들은 센스가 좋은 나라에서 들어온 상품을 접하고 새로운 관점에 눈을 떠 그 상품을 원하게 될 것이다. 그러나 이 반대 현상은 발생하지 않는다. (…)

여기에 대국을 바라보는 단서가 있다. 즉, 문제는 얼마나 정밀하게 마케팅을 하는가가 아니다. 그 기업이 대상으로 삼고 있는 시장에서의 욕망의 수준을 얼마나 높은 수준으로 유지해야 할 것인지를 동시에 의식하고, 그것을 바탕으로 전략을 세우지 않는다면 그 기업의 상품은 세계적으로 우위를 차지하고 전개될 수 없다.

《디자인의 디자인》

하라 켄야가 지적하는 것은 '시장에 대한 기준' 문제다. 지금까지의 기업들은 시장을 '주인'으로서, 이른바 '대략적인 기준'으로서 바라봤다. 그에 대해 하라 켄야는 세계적인 경쟁력을 갖추려면 시장을 교육해야 하는 대상으로, 이른바 '위에서 내려다보는 기준'으로 바라볼 필요가 있다고 말한다.

그렇다면 교육을 하는 입장인 기업 쪽에서 세워야 할 '미의 판단 기준'은 무엇일까?

　그것은 '자신만의 미의식'이다. 여기에서도 역시 시장이라는 외부로부터, 자신만의 미의식이라는 내부로의 판단 기준의 전환이 요구된다.

디자인을 바꾸자
실적이 오르다

경영에서의 진·선·미 세 가지 판단에 대해, 지금까지 보편적인 기준으로 여겨왔던 '객관적 외부 기준'인 논리(진)·법률(선)·시장조사(미)에서 '주관적 내부 기준'인 직감(진)·윤리와 도덕(선)·심미와 감성(미)으로 비중이 옮겨가고 있다.

이 지적은 '세계의 기업과 인재는 왜 미의식을 공부하는가?' 하는 문제에 대한 해답이기도 하다.

논리사고가 보급되고 비즈니스 퍼슨이 어떤 상황에 직면하게 되었는지는 앞에서 꾸준히 이야기했다. 정답의 상품화로 인한 차별화의 소실, 전 지구적인 자기실현 욕구 시장의 탄생, 시스템의 변화에 법률 정비가 따라가지 못하는 사회…. 지금 세계에서 벌어지는 거대한 변화로 인해 여태껏 효과적인 기능을 해왔던 '객관적 외부 기준'이 오히려 경영의 성과를 저해하는 요인으로 부각되고 있다.

세계의 인재들이 필사적으로 미의식을 높이기 위한 도전을 하는 이유는 이런 세상에서 '보다 질 높은 의사결정'을 위한 '주관적 내부 기준'을 갖추기 위해서다.

그렇다면 진·선·미의 판단을 기준 삼아 어떤 방식으로 '주관적 내부 기준'을 활용해야 할까?

이 책에서는 이미 '직감'에 관해서는 애플의 아이맥 사례를, '윤리'에 관해서는 구글의 인공지능 윤리위원회 사례를 소개했다.

이번에는 지금까지 보편적으로 이용한 '객관적 외부 기준'에서 '주관적 내부 기준'으로 사고를 전환해 경영 성과를 크게 높인 기업을 고찰해보기로 한다. 일본의 자동차 기업 마쓰다Mazda의 사례다.

● **적자 기업에서 30조 원의 흑자 기업으로**

지난 몇 년 동안 마쓰다의 이미지는 크게 바뀌었다.

일본의 자동차는 품질과 연비가 우수한 반면, 디자인이나 스타일은 준A클래스에 그친다는 평가가 오랫동안 이어져왔다. 하지만 현재의 마쓰다는 세계 톱클래스에 해당하는 디자인 능력을 보유하기에 이르렀다.

우선 지난 몇 년 동안의 마쓰다의 실적을 몇 가지 측면에서 확인해보자.

시작은 2012년 2월에 발매된 CX-5였다. CX-5에는 '달리는 즐거움'과 '우수한 환경과 안전 성능'의 양립을 노리는 스카이액티브 skyactiv(마쓰다의 엔진 기술 브랜드) 기술이 반영되었다. 여기에서 주목해야 할 것이 CX-5의 통합적 디자인 주제인 고도 魂動('영혼의 움직임'이라는 뜻)다.

마쓰다는 2012년의 CX-5부터 2015년의 로드스터까지, 모두 여섯 종류의 차종을 시장에 도입했다. 이 자동차들은 모두 고도를 바탕으로 디자인되었다. 마쓰다는 2012년부터 3년간 세 차례나 일본 '올해의 차Car of the Year(그해의 베스트 자동차 10을 선정하는 행사)'에 선정되었는데, 2012년에 CX-5가, 2014년에 데미오가, 2015년에 로드스터가 상을 거머쥐었다.

또 한 가지 주목해야 할 점은 디자인 분야에 특화된 상을 수상했다는 것이다. 마쓰다의 아텐자는 세계적인 자동차 시상식인 월드 카 어워즈World Car Awards의 '세계 올해의 자동차 디자인World Car Design of the Year' 부문에서 2년 연속 세계 톱Top 3에 선정되었다. 이 상은 보통 럭셔리 카로 불리는 차종에서 수상하는 경우가 많은데, 실제로 2013년에 선발된 차는 애스턴마틴 뱅퀴시와 재규어 F-타입이었다.

나아가 세계 3대 디자인 상 중의 하나인 레드 닷 디자인Red Dot Design 상에서도 악셀라, CX-3, 로드스터 등 세 종류의 자동차가 프로덕트 디자인 부문에서 잇달아 수상했다. 특히 로드스터는 최고의 영예라 불리는 '베스트 오브 더 베스트Best of the Best'를 수상했다.

디자인 상을 받았다는 것은 마쓰다가 일본 자동차의 역사에 기록될 새로운 경쟁 무대를 개척하고 있다는 뜻이다. 그렇다면 디자인은 실적에 어떤 공헌을 하고 있을까?

고도 디자인을 반영한 차종이 도입되기 시작한 2012년 이후, 마쓰다의 매출과 영업이익은 대폭 증가했다. 2012년 3월의 매출은 약 2조 엔(원화로 약 19조 9,159억 원), 영업이익은 380억 엔(원화로 약 3,787억 원)으로 적자였지만, 2015년 3월에는 매출이 3조 엔(원화로 약 29조 9,031억 원), 영업이익은 2,000억 엔(원화로 약 1조 9,935억 원)이 넘는 흑자로 전환했다(2018년 4월 20일 기준의 환율을 적용).

마쓰다가 디자인에서 약진을 할 수 있었던 것은 마에다 이쿠오前田育男(현 마쓰다 디자인·브랜드스타일 본부장)의 리더십 덕분이다. 디자인에 있어서 마에다가 보여준 리더십의 특징에는 그 자신이 내걸고 있는 비전이 그대로 표현되어 있다. 마에다는 '예술로서의 자동차Car as Art'를 실현하겠다는 이상을 내걸고 있다. 우수한 예술 작품이 우리에게 주는 놀라움과 감동을 마쓰다 자동차를 봤을 때도 그대로 느낄 수 있는 디자인. 그것을 목표로 한 것이다. 그래서 마에다는 디자인 부문의 모든 사원에게 예술가로서 자동차 개발에 임하라는 요구를 하고 있다.

마쓰다,
V자 회복의 비밀

마에다 이쿠오는 마쓰다가 디자인 면에서도 세계 톱 브랜드로서 유럽이나 미국의 기업과 어깨를 나란히 하려면 일본 전통의 미의식을 살려야 한다고 생각했다. 그것은 늠름한 분위기와 요염함이었다. 그 결과 마쓰다 자동차의 디자인 키워드를 역동성, 늠름함, 요염함 세 가지로 정리했다.

역동성은 달리는 기쁨을 표현하는 약동감, 대자연 속을 질주하는 활력 가득한 생명체로서의 자동차를 의미한다. 늠름함은 역동성과 대조되는 것으로, 정지한 상태에서 긴장감 있는 늠름한 분위기와 조용한 존재감을 뜻한다. 요염함은 아름다운 동물이 발산하는 섹시함이다.

이것들을 포괄적으로 상징하는 디자인 철학이 '고도'다. 마에다는 이 단어에 도달하기까지 1년 가까이 매일 고민을 거듭했다고 한다.

주의해야 할 점은 고도가 어떤 특정 차종의 디자인을 규정하기 위해 만들어진 구체적인 지침은 아니라는 것이다. 마쓰다는 스포츠카뿐만 아니라 4도어 세단이나 해치백hatch back(차량에서 좌석과 트렁크의 구분이 없으며 트렁크에 문을 단 승용차), RV 차량(미니밴, 지프, 소형 승합차 등)도 제작하는 풀 라인 자동차 기업이다. 이렇게 성격이나 고객층이 다른 자동차 라인업에 구심력 있는 디자인 철학을 모두 적용하려면 자연히 추상적일 수밖에 없다.

마에다는 '고도 디자인'에 대해 '추상적인 정신론 같은 것'이며 구체적인 디자인이나 형상을 규정하는 것은 아니라고 말한다. 각 디자이너는 개별 차종의 디자인을 할 때, 자유롭게 발상의 폭을 넓힘과 동시에 그 뿌리에는 고도 디자인의 철학을 확실하게 갖추고 있어야 한다.

고도 디자인을 구체화하는 데 있어서 특히 중시하는 것이 '일본의 미의식'이다. 마에다는 마쓰다의 디자인이 세계 시장에서 인정을 받으려면 유럽이나 미국의 모방이 아니라 자국의 '미의식'에 뿌리를 둔 디자인이 중요하다고 역설한다.

지금까지의 자동차 역사에서 디자인을 견인해온 것은 유럽, 그중에서도 이탈리아와 독일이었다. 이것은 자동차 디자인이 본래 마차 디자인의 연장선에서 발전해왔다는 것과 관계가 있다. 자동차의 형태나 기본 구조를 표현하는 용어인 쿠페coupe(2도어에 지붕이 딸린)나 카브리올레cabriolet(2도어에 지붕 덮개를 접을 수 있는), 왜건wagon(4도어에 짐칸이 있고 지붕이 딸린)이라는 단어는 원래 마차의 종류를 가리키는 호칭이었다.

마차는 당연히 상류 계급의 소유물이고 자신의 재력이나 센스를 과시하기 위한 절호의 도구였다는 점에서 매우 세련된 디자인이 요구되었다. 즉, 마차는 오늘날의 자동차와 마찬가지로 기능적 편익과 함께 자기실현적 편익이 강하게 요구되는 상품이었던 것이다. 이런 요구에 부응하기 위해 19세기 유럽에서는 호화찬란한 마차를 주문 생산하는 업자, 이른바 코치 빌더coach builder 가 융성한다.

발자크Honoré de Balzac의 소설《고리오 영감》에는, 지방에서 파리로 상경한 야심만만한 청년이 열심히 노력해서 어느 정도 기반을 잡기는 하지만 마차를 살 돈이 없어 걸어서 상류 계급의 마담을 방문하다가 문지기에게 무시를 당한다는 에피소드가 실려 있다.

18~19세기 유럽의 도시에서 마차는 이동수단 이상으로 의복만으로는 속일 수 없는 '진정한 재력'을 공공장소에서 과시할 수 있는 유일한 도구였다. 그런 기호적·사회적 요구를 받는 도구가 문화적으로 세련되지 않을 수 없다.

이야기가 살짝 빗나갔지만, 유럽에서의 차체 디자인이라는 것은 생활에 필요해서가 아니라 일종의 문화적 요구에 의해 발전해왔다는 것이 중요한 포인트다.

자동차 산업이 본격적으로 활발해진 것은 1950년 이후, 일본 기업은 그 당시부터 차체 디자인을 시작했다. 그러나 유럽에서는 그보다 백 년 이상 전부터 부자들의 자기과시욕을 충족시킨다는 매우 냉엄한 요청에 대응하기 위해 차체 디자인 능력을 철저하게 높여왔다.

일본의 자동차 산업이 생산량이나 품질 측면에서 세계의 인정을 받으면서도 디자인에서는 주목을 모으지 못했던 이유도 이런 배경에 있다.

마에다는 이런 상황을 타개하고 자동차 디자인을 세계에서 존경받는 지위로까지 끌어올리겠다는 목표를 세웠다. 그것은 매우 야심적이었다.

> 본래 일본인이 갖추고 있는 미적 감각에는 좀 더 연구해봐야 할 영역이 있다. 예를 들어, 일본의 정원은 완벽한 돌의 배치와 틈이 있기 때문에 늠름한 분위기를 낳는다. (…)
> 그런 일본 고유의 미의식을 스타일로서 직접적으로 양식에 반영하는 것이 아니라 정신으로서 디자인에 살려야 한다.
>
> 《히토쓰바시 비즈니스 뷰 一橋ビジネスレビュー》 2014년 봄

마에다의 말에서 중요한 것은 "스타일로서 직접적으로 양식에 반영하는 것이 아니라 정신으로서"라는 부분이다.

일본의 미의식을 표현하는 것에는 다양한 물품이 있다. 마에다가 지적하듯 정원 이외에도 다실이나 도기 등이 그렇다. 물품이 아닌 것으로는 글이나 가문의 문장 같은 그래픽이 이에 포함될 것이다.

이처럼 다양한 영역에 이르는 미의식을 직접적으로 표현하는

것이 아니라, 정신을 함유시키는 형식으로 자동차라는 매우 서구적인 제조물에 반영시키려 한 것이다.

말은 간단하지만 이런 추상적인 규정을 거대한 조직에서 실천하기는 쉽지 않다.

지금부터는 마쓰다가 이 디자인 철학을 어떤 식으로 상품화하고 있는지를 고찰해보자.

고객의 목소리를
따르지 마라

마쓰다 디자인 전략의 특징은 '고객의 목소리를 평가한다'는 것이다. 그들 자신은 이런 말을 사용하지는 않는다. 하지만 내 나름대로 단적으로 표현한다면, 그들은 고객의 목소리를 "일단 참고해 보죠"라는 식으로 받아들인다고 볼 수 있다.

마쓰다는 지금까지 자동차 개발을 하면서 기본적인 디자인 문법에서 벗어나 매우 도전적인 '미의식의 반영'이라는 목표를 내걸고 있다. 이런 대담하고, 한편으로는 독선적인 목표를 지향하기 위해 마쓰다에서는 고객의 목소리를 직접적으로 디자인에 반영하지 않는다.

마쓰다가 목표로 삼는 것은 '고객이 좋아하는 디자인'이 아니다. 그들의 목표는 '고객을 매료시키는 디자인'이다. 즉, '위에서 내려다보는 시선'이다. 여기에는 MBA나 기존 마케팅에서 중시해온 고객의 욕구를 찾아 거기에 맞춘다는 수동적인 사고방식이 존재하지 않는다. 이것은 최근에 여러 기업에서 검토하고 실천하는 디자인사고의 접근방식과는 정반대라고 할 만한 도전이다. 보통은 고객의 행동이나 사용 현장을 철저하게 관찰해 경험 가치를 설계하는 과정을 거쳐 상품을 개발하지만, 마쓰다는 오히려 그 반대다.

방법론으로서 어느 쪽이 우수한가 하는 문제가 아니다. 양쪽은 지향하는 골 자체가 다르다. 디자인사고가 지향하는 것은 기본적으로 '문제해결'이다. 명칭에 '디자인'이라는 말이 들어가 있어 다소 어려워 보이지만, 디자인사고란 문제해결 수법일 뿐 창조 수법이 아니다. 따라서 골은 '문제를 해결하는 것'이며 '거기에서 감동을 느낄 수 있는가'라는 문제가 아니다.

그러나 마쓰다가 지향하는 골은 다르다. 그들이 이 참신한 접근방식 이후에 추구하는 골은 '감동 제공'이다.

고객을 매료시키는 디자인

고객의 목소리를 의사결정의 기준으로 삼지 않는다면 무엇인가 다른 기준이 필요할 것이다.

마쓰다의 경우, 이 기준은 최종적으로 디자인 본부장인 마에다 이쿠오의 '심미안'이다. 마에다가 추구하는 '역사에 남는 디자인인가' '고도 디자인 철학을 실현할 수 있는가'라는 매우 추상도 높은 요구에 합치되는가가 최종적인 판단의 기준이 된다.

디자인의 좋고 나쁨을 수량으로 평가하기는 어렵기 때문에 대부분은 고객이 선호하는 정도를 수치화해 디자인 평가의 대체지표로 삼는다. 이 접근방식을 채용하면 '좋은 디자인'은 '많은 고객이 선호하는 디자인'이라는 결론이 나오는데, 여기에는 커다란 문제가 있다. 고객의 센스가 어느 정도인가에 따라 그 상품의 디자인 경쟁력이 결정된다는 문제다. 이 점에 대해서는 이미 디자이너 하라 켄야도 지적한 바 있다.

센스가 좋은 고객의 말을 들으면 좋은 디자인이 나오게 되고, 센스가 나쁜 고객의 말을 들으면 나쁜 디자인이 나온다. 가능하면 센스가 좋은 사람의 의견만 듣고 싶지만 '센스가 좋다'는 판단에는 개인적인 미의식이 개입될 수밖에 없고, 통계적으로 의미 있는 데이터를 갖추려면 일정 수준 이상의 샘플이 필요하기 때문에 아무래도 센스가 나쁜 사람들의 선호도가 섞여버린다. 이것은 보편적인 고객주도형 디자인이 숙명적으로 끌어안고 있는 문제다.

이런 문제를 피하고 마에다가 내거는 '역사에 남는 디자인'을 달성하려면 판단 기준을 내부화해야 한다.

마에다는 어떤 기준으로 디자인의 좋고 나쁨을 판단할까?

한마디로 '한 번 보고 좋은 것은 좋다, 나쁜 것은 나쁘다'고 말할 수 있다. 마에다는 예술이라고 부를 수 있는 수준의 작품은 설명이 없어도 한 번 보면 그 순간 사람을 감동시킬 수 있어야 한다고 잘라 말한다. 즉, '자신이 좋다고 생각하는가' '강렬한 느낌이 드는가' 하는 것이 최종적인 의사결정의 입각점이다. 데이터나 설명 등은 참조하지 않는, 오히려 데이터나 설명이 필요하다면 그 디자인은 가치가 없다는 뜻이다.

　이렇게 글로 쓰면 간단하지만 실제로는 만만치 않은 일이다. 이 책의 전반부에서 의사결정에서의 예술과 과학의 문제를 고찰했을 때, 어카운터빌리티에 대해 언급했다. 어카운터빌리티는 '왜 그런가?' 하는 것을 설명할 수 있는 것이며, 나아가 경영에서의 의사결정이 과학 쪽으로 편중되는 이유는 이 어카운터빌리티가 지나치게 요구되기 때문이라고 지적했다.

　한편 마에다는 "설명이 필요한 디자인으로는 사람을 감동시킬 수 없다"고 말한다. 이것은 '이 디자인을 선택한' 이유에 대해 어카운터빌리티는 오히려 방해가 된다는 뜻이다. 그렇기에 과학을 버리고 철저하게 예술을 추구한다.

　단적으로 말한다면 리더십의 문제다. 앞에서 설명한 대로 어카운터빌리티는 절대적인 선처럼 여겨지는 부분이 있다. 그로 인해 지나치게 '합리적인 설명 가능성'을 추구하면 의사결정 과정에서 리더의 직감이나 미의식은 거의 발동하지 못하고, 결과적으로 의사결정의 품질을 훼손할 우려가 있다. 이래서는 '아름다움'을 경쟁의 축으로 삼아 싸우기는 어렵다.

　마에다가 발휘하는 '미의 리더십'을 기준으로 삼은 의사결정이 결과적으로 틀릴 경우, 변명의 여지는 없다. "내가 잘못 판단했다"고 말할 수밖에 없기 때문이다. 바꿔 말하면 그렇기에 '역사에 남는 디자인'이라는 목표를 세우고 자신의 판단 기준의 장벽을 매우 높은 수준으로 설정할 수 있는 것이다.

지금까지 이 책에서는 경영에서의 진·선·미의 판단을 내부화하는 움직임이 전 세계의 기업에서 일어나고 있다는 사실을 지적하고 그 배경을 설명해왔다. 마쓰다의 방식은 그중 '미'와 관련된 판단 기준의 내부화하라고 정리할 수 있다.

'미를 바탕으로 한 관리'는 기업에서 흔히 볼 수 있는 '합의 중시의 의사결정' 과정이 아니다. 그보다는 디자인 부문을 리드하는 마에다라는 개인에게 의존한 구조로 이루어져 있다. 이 역시 '미를 바탕으로 한 관리'의 특징이다. 이런 관리구조는 마에다처럼 돌출된 미의식을 가진 개인뿐만 아니라 그 주변 사람에게도 역시 높은 미의식을 요구한다. 애당초 마에다처럼 개인에게 전권을 위임하는 의사결정은 그의 미의식 수준을 판단할 수 있을 만큼의 미의식을 갖춘 사람들이 아니면 할 수 없기 때문이다. 즉, '미의식의 소통'이다.

조직에서의 '미의식 관리'는 돌출된 미의식을 가진 개인 한 명이 존재한다고 해결되는 문제가 아니다. '미의 경영'에 종사하는 사람 모두에게 높은 수준의 심미안과 철학, 윤리관이 갖춰져 있어야 한다.

미래의 리더를
위한 최강의
미의식 수업

어떻게 미의식을
키울 것인가?

이 책을 집필하면서 나는 약 2년의 시간을 들여 다양한 글로벌 기업과 교육 기관을 방문해 현장 조사와 인터뷰를 실시했다. 그 당시에 얻었던 흥미 깊은 사례를 이 책에 소개하고 싶다. 그에 앞서 '예술과 지적 성과의 관계'에 관한 재미있는 연구 결과를 공유하려고 한다.

지금까지 이 책에서는 '예술을 담당하는 인재'와 '과학을 담당하는 인재'가 조합되면 조직경영의 품질이 월등히 높아진다고 서술했다. 이제부터는 '예술과 과학이 개인의 내부에 양립하는 경우, 지적 성과 역시 향상된다'는 놀라운 연구 결과를 소개해보겠다.

미시간주립대학교 연구팀은 노벨상 수상자, 로열 아카데미Royal Academy의 과학자, 내셔널 소사이어티National Society의 과학자, 일반 과학자, 일반인 등 5개 그룹에 대해 '회화와 악기 연주 등의 예술적 취미 유무'를 조사했다. 그 결과 노벨상 수상자 그룹은 다른 그룹과 비교했을 때 눈에 띄게 '예술적 취미를 갖고 있을 확률이 높다'는 결과가 나왔다.

노벨상 수상자는 일반인과 비교했을 때 2.8배나 예술적 취미를 보유하고 있을 확률이 높았다. 덧붙여 노벨상 수상자 그룹 정도는 아니더라도 높은 수준의 실적이 없으면 들어갈 수 없는 로열 아카데미와 내셔널 소사이어티의 경우에는, 일반인과 비교했을 때 각각 1.7배와 1.8배로 예술적 취미를 갖고 있을 확률이 높았다. 한편 일반 과학자 그룹은 일반인과 별반 차이가 없었다.

이 연구 결과는 우리가 일반적으로 생각하는 것처럼 과학과 예술이 대조적인 행위가 아니라, 서로가 상호작용을 해서 높은 수준의 지적 활동을 가능하게 한다는 시사를 던져준다.

역사를 돌이켜보면 높은 수준의 지적 생산을 이루어낸 과학자들 대부분은 예술적인 면에서도 높은 소양을 지니고 있었다. 모차르트의 음악을 사랑하고 어디를 여행하든 반드시 애용하는 바이올린을 갖고 다녔다는 알베르트 아인슈타인Albert Einstein의 일화는 유명하다. 물리학에서 첨단 연구를 하면서 유머가 넘치는 다양한 에세이를 펴낸 리처드 파인먼Richard P. Feynman은 높은 문학적 소양을 지녔다.

역사를 거슬러 올라가면, 갈릴레오 갈릴레이Galileo Galilei는 로도비코 카르디 다 치골리Lodovico Cardi da Cigoli(이탈리아의 화가이자 건축가)에게 데생을 배워 수채화로 음영을 표현하는 기술을 갖추고 있었던 덕분에 낮은 배율의 망원경으로도 '달의 요철'을 발견할 수 있었다. 페니실린을 발견한 알렉산더 플레밍Alexander Fleming(영국의 미생물학자)은 직접 배양한 미생물을 물감 대신 사용해서 수채화를 그렸다.

과학적인 업적과 예술적인 취미에 무시할 수 없는 관계성이 있다는 사실을 이해했는가? 그렇다면 그 관계는 어떤 구조로 이루어져 있을까?

결론부터 말하면 정확히 알 수는 없다. 미시간주립대학교 연구팀이 작성한 논문에도 그 이유에 대해 몇 가지 가설을 소개하는 데 그쳤다. 이 부분도 매우 흥미 깊은 내용이지만 여기에서는 지면 관계상 생략하기로 한다.

내가 우선적으로 말하고 싶은 것은, 예술적인 소양으로서의 미의식을 단련하는 사람은 과학적인 영역에서도 높은 지적 성과를 올린다는 사실이다.

○ '보는 능력'을 단련하다

2001년 예일대학교의 연구자 그룹은 '예술을 감상하면 관찰력이 향상된다'는 사실을 증명했다. 《미국의학학회 저널Journal of the American Medical Association》에서는 의대생을 대상으로 예술을 이용한 시각 트레이닝을 실시한 결과, 피부과 질병과 관련한 진단 능력이 56%나 향상되었다고 보고했다.* 또한 이 보고서에서는 직접적인 질병에 관한 진단 능력뿐만 아니라 전반적인 관찰 능력, 특히 세부적

---

* Jacqueline C. Dolev, Linda K. Friedlander, and Irwin M. Braverman, 〈Use of Fine Art to Enhance Visual Diagnostic Skills〉, 《Journal of the American Medical Assocation》, vol. 286, no.9:1019–21.

인 변화를 간파하는 능력이 10% 향상되었다고 밝혔다.

현재 많은 분야에서 인공지능이 인간의 일을 어느 정도나 빼앗아가게 될 것인지 뜨거운 논의가 벌어지고 있는데, 그중 하나로 의료 분야를 들 수 있다. 언젠가 의사가 하는 일을 인공지능이 대신하게 될 것이라고 주장하는 이들도 적지 않다. 인간의 진단 능력은 빅데이터를 축적한 인공지능을 도저히 따라갈 수 없다는 것이 그들의 주장이다. 그러나 나는 이 지적이 의사가 하는 일을 지나치게 좁은 범위로 한정한 것이라고 생각한다.

물론, 신체에 나타난 구체적인 증상이나 문진 정보를 바탕으로 질병을 진단한다는 능력은 아마 가까운 미래에 인공지능이 평균적인 의사의 능력을 뛰어넘을 것이다.

하지만 의사가 하는 일은 진단만이 아니다. 진단에 바탕을 둔 치유는 물론, 재발 방지를 위해 생활습관을 바꿔주거나 의욕이 떨어지지 않도록 재활 프로그램을 제시하는 것도 중요한 부분이다. 여기에서 중요한 것이 '보는 능력'이다.

예를 들어, 말투를 통해서 출신 지역을 추측하고 그 지역 특유의 식생활 습관과 질병의 인과관계에 대해 가설을 세운다. 병실 침대 옆에 놓인 책이나 잡지를 보고 취미나 관심 분야를 상상하고 재활 프로그램을 고안한다. 병실에 장식된 꽃의 시든 상태나 물을 갈아주는 빈도를 체크하고 가족과의 관계성을 간파, 생활습관을 개선하는 데 어느 정도나 도움을 받을 수 있을지 가설을 세운다.

간단히 말하면 '약간의 힌트에서 통찰을 얻는다'는 것인데 이런 일은 인간인 의사만이 할 수 있다. 인공지능은 미리 정보의 틀을 입력해두지 않으면 정보처리를 할 수 없다. 그러나 현실 상황에서 발생하는 모든 문제를 미리 기술하는 것은 매우 어려운 일이다. 이른바 프레임의 문제*가 발생하는 것이다.

입력되는 정보만이 아니라 현재 상황과 그와 관련된 범위까지 관찰하고, 그 결과로 얻을 수 있는 사상을 바탕으로 다양한 통찰을 거쳐 의사결정의 품질을 높이는 것. 이것이 예일대학교 연구자 그룹이 실행한 연구의 핵심이다. 그리고 이 핵심은 우리들 대부분이 관여하고 있는 비즈니스 세계에도 똑같이 적용할 수 있다.

그렇다면 어떻게 해야 '보는 능력'을 단련할 수 있을까?

---

* 프레임 문제란, 인공지능의 중요한 문제 중 하나다. 유한한 정보처리 능력을 지닌 로봇이 현실에서 일어날 수 있는 모든 문제에 대해 대처하지 못하는 것을 말한다. 1969년 컴퓨터 과학자 존 매카시John McCarthy와 패트릭 헤이스Patrick J. Hayes의 논문에서 처음으로 소개되었다. 현재는 다양한 정식화定式化(일정한 공식과 같이 일정한 명제나 정의로 규정하는 것)가 있다.

비주얼 씽킹
트레이닝

글로벌 기업이나 아트 스쿨에서 '보는 능력'을 단련하기 위해 실시하는 것이 VTS Visual Thinking Strategy 다. 그다지 귀에 익숙하지 않겠지만, 쉽게 설명하면 비주얼 아트 visual art 를 이용한 감상력 교육을 말한다.

나의 본업은 조직개발을 하는 전문 컨설턴트이지만, 전공이 미술사였다는 이유로 최근에는 클라이언트 기업의 임원 후보 트레이닝에서 VTS를 맡는 경우가 늘고 있다. VTS 모임에는 통상의 미술 교육에서 하고 있는, 작가나 작품에 관한 정보를 거의 제공하지 않는다. 그 대신 모임 참여자에게 철저하게 작품을 '보고, 느끼고, 말로 표현할 것'을 주문한다. 퍼실리테이터 facilitator(조력자) 인 내가 하는 일이란 '보고, 느끼고, 말로 표현'하는 행위를 도와주는 것뿐이다. 나는 구체적으로는 다음과 같은 질문을 하고 참여자에게 발언을 유도한다.

- 무엇이 그려져 있는가?
- 그림 속에서 무슨 일이 일어나고 있으며, 앞으로 무슨 일이 일어날 것인가?
- 자신의 내부에서 어떤 감정과 감각이 느껴지는가?

대부분의 경우, 첫 번째 질문을 던지면 처음에는 너무나 당연한 것을 묻는다며 당황해한다. 그러다가 그림의 세부적인 부분에 대한 발언이 나오고, 그 발언을 들은 다른 참가자들은 "허어, 그걸 어떻게… 확실히 그런 것이 그려져 있군요"라거나 "나는 다른 것이 그려져 있다고 생각했는데…"라는 의견을 내놓는다. 여기에서 이미 한 가지를 배울 수 있다. 자신은 당연하다고 느끼는 것을 다른 사람이라고 꼭 그렇게 느끼는 것은 아니라는 점이다.

그런 '풍부한 간파 능력'을 얻으려면 어떻게 해야 할까? 포인트는 '어떤 발언도 수용'하는 분위기를 만들라는 것이다. 퍼실리테이터의 유도에 따라 어떤 발언이라도 수용한다. 무슨 말을 해도 모두 긍정적으로 받아들여준다는 분위기를 처음 5분 동안 만들어낼 수 있다면 평소에 그림을 감상할 기회가 거의 없는 사람이라도 자신 있게 의견을 내놓을 수 있다.

작품 선정도 중요한 요건 중의 하나다. 내 경우, 비교적 그림의 세계로 들어가기 쉬운 르누아르Pierre-Auguste Renoir(인상주의 화가)나 카라바조Michelangelo Merisi da Caravaggio의 작품을 애용하는 편이다. 누가 어떻게 봐도 같은 해석밖에 나오지 않는 작품을 선정하는 것은 좋지 않다. 해석이나 스토리가 한 가지로 수렴되어버려 대화를 통한 해석의 다양성을 얻기 어렵기 때문이다. VTS는 '그림 속에서 무슨 일이 일어나고 있으며 앞으로 무슨 일이 일어날 것인가?' 하는 부분을 생각하는 것이다. 덧붙여 이것은 비즈니스 세계에서 경영자가 논의하지 않으면 안 되는 가장 중요한 논점과 비슷하다.

〈성 마태오의 소명〉

미켈란젤로 카라바조 ┃ 1599~1600 ┃ 캔버스에 유채 ┃ 348×338cm ┃
© Zenodot Verlagsgesellschaft mbH ┃ 출처 wikimedia commons

카라바조의 〈성 마태오의 소명Calling of Saint Matthew〉과 같은 작품은
좋은 제재다. 여기는 어디인가? 그림에 등장한 각각의 인물은 어
떤 사람인가? 앞으로 무슨 일이 일어날 것인가? 이렇게 상상력을
강렬하게 자극하는 그림이기에 의견이 다양해진다.

한편 너무 초현실적이어서 스토리를 떠올리는 데 강한 상상력을 필요로 하는 작품은 피한다. 예를 들어 키리코Giorgio de Chirico(그리스 출신의 형이상학적 화가)의 그림을 제재로 삼는다면, "무엇이든 상관없으니까 느낀 점을 말씀해보십시오"라고 말해도 당황만 할 뿐 의견다운 의견은 거의 나오지 않는다.

퍼실리테이터가 적절한 작품을 선정해 제대로 유도할 수 있다면 미술을 전혀 감상해보지 않았던 사람도 그림을 보며 30~60분 정도는 대화를 이어갈 수 있다.

그리고 하나의 작품에 대해 여유 있게 대화를 이어가다 보면 처음의 인상 또는 해석과는 전혀 다른 그림이 눈앞에 나타나게 된다. 소크라테스가 말하는 '무지無知의 지知'까지는 아니더라도 '보이지 않았던 것이 보이게' 되는 것이다.

그들이 '보는 능력'을
단련하는 이유

글로벌 기업과 엘리트는 왜 '보는 능력'을 단련하는 것일까?

그들이 이런 도전을 하는 이유는 단순하다. 비즈니스 리더야 말로 '고정관념에 사로잡힌 견해'에 지배당해 기업과 사회에 엄청난 손해를 끼칠 가능성이 매우 높기 때문이다. VTS는 고정관념에 사로잡힌 견해에서 벗어나 '보는' 기술을 높이기 위한 가장 효과적인 수단이다.

전문가로서 능력을 넓혀가는 과정은 패턴 인식pattern recognition 능력을 높이는 과정이라 말할 수 있다. 패턴은 '과거에 있었던 그것'과 같다고 받아들이는 것이다. 그 능력을 높이면 매번 제로에서 대답을 찾아가는 비효율적인 시간 낭비 없이 과거에 효과적이었던 답을 빠르게 얻을 수 있다.

문제는 과거의 패턴은 영원히 지속되지 않을뿐더러 어디선가 미처 예상하지 못한 변이가 일어날 수 있다는 점이다.

월가의 트레이더에서 인식론 전문 과학자로 변신한 나심 탈레브Nassim N. Taleb는 저서《블랙 스완》에서, 과거의 패턴 인식이 적용되지 않는 돌연변이 상황이 발생했을 때도 우리는 과거에 통용되었던 패턴 인식을 적용하려는 경향이 강하다는 점을 문제로 지적했다. 백조는 흰색의 조류라는 인식에 얽매이면 눈앞에 '검은 백조'가 나타나도 현실을 부정하고 그때까지의 개념을 유지하려고 한다는 것이다.

아이와 달리 성인은 눈에 들어오는 사물에 당연하듯 의미를 부여하고 해석한다. 눈에 들어온다고 표현하면 단순히 '보는' 것이라고 생각하겠지만, 진정한 의미에서의 '보는' 행위는 매우 어려운 문제다.

이 '보는 것의 어려움'은 추상적으로는 이해하기 어려우므로 한 가지 실험을 해보자.

아래 두 단어를 보자. 그리고 두 단어의 공통점을 말해보자.

$$家具工場$$
$$實驗工房$$

힌트는 '읽지 말고 보라'는 것이다. 덧붙여 다섯 살배기 딸아이는 5초도 지나지 않아 정답을 말했는데, 여러분은 어떨까?

비즈니스 퍼슨에게 이 문제를 제시하면 대부분 "가구공장과 실험공방이라… 둘 다 '만드는 것'과 관련된 단어이니까 공통점은 '생산'이나 '창의력'이 아닐까요?"라는 식으로 각각의 단어를 추상적인 개념으로 포착하고 그 추상 개념을 비교해 공통점을 찾으려고 한다.

그러나 봐야 할 것은 그런 것들이 아니다. 추상화하지 말고 눈앞에 있는 것을 아무런 사고 없이 순수하게 '봐야' 한다. 정말로 순수하게 '보는' 데만 집중하면 두 단어에 숨겨져 있는 공통점을 즉시 깨달을 수 있다.

아직도 모르겠는 사람은 다음의 두 단어를 다시 눈여겨보자.

이제 깨달았을 것이다.

가구공장의 한자 '工'과 실험공방의 한자 '工'은 같은 글자다. 두 개의 평행선을 한 개의 수직선으로 연결했을 뿐인, 그야말로 단순한 기호이기에 순수하게 '보는' 데만 집중하면 두 글자가 똑같다는 사실을 즉시 알 수 있다.

나는 많은 사람을 대상으로 이 실험을 해봤다. 유치원생에게 "두 단어 중에서 같은 것은 무엇일까?" 하고 물어보면 즉시 'エ'이라고 대답한다. 그런 답변이 나올 수 있는 이유는 그들이 '읽지' 못하기 때문이다. 그들은 '읽는' 행위는 할 수 없고 순수하게 '보는' 것만 가능하다.

한편 성인은 반대다. 성인은 자신도 모르게 단어를 '읽어버린'다. 읽어버린다는 것은 패턴 인식을 한다는 뜻이다. 패턴 인식을 하기 때문에 개인에 따라서는 필체가 다른 단어에 대해서도 '같은 의미를 가진 단어'로 읽는다. 이 고도의 패턴 인식 능력이 진정한 의미에서의 '보는' 능력을 방해한다.

패턴 인식에서
벗어나기 위해

대부분의 성인은 패턴 인식을 하게 되면서 '순수하게 보는 능력'을 잃어버린다.

하지만 극히 소수이지만 성인이 되어서도 이 패턴 인식을 갖추지 못하는 사람들이 있다. 이런 증상에는 일반적으로 난독증dyslexia이라는 진단이 내려진다. 최근의 연구에 따르면 성공한 창업가는 보통 사람의 네 배가량 난독증이 있을 확률이 높다는 사실이 밝혀졌다. 이 사실은 우리에게 매우 흥미 깊은 시사를 던져준다.

예일대학교 신경과학자 샐리 셰이위츠Sally Shaywitz는 난독증 환자에 대해 이렇게 말했다.

> 그들은 사고하는 방식이 보통 사람과 다르다. 보다 직감적이고 문제해결 능력이 우수하며 전체적인 모습을 본 뒤에 단순한 본질을 파악한다. 그들은 일정한 수순을 반복하는 데는 서투르지만, 그들 나름대로의 시각을 통해서 앞으로 무슨 일이 발생할 것인가 하는 것을 예견하는 능력은 매우 뛰어나다.
>
> 샐리 셰이위츠 《Scientific American》 1996년 11월

이 말은 이노베이션을 일으키는 사람의 조건과 굉장히 비슷하다. 사실 직감은 매우 중요한데, 애플의 스티브 잡스나 버진그룹Virgin Group(영국의 다국적 벤처 캐피털 기업)의 리처드 브랜슨Richard Branson, 스티

븐 스필버그Steven A. Spielberg, 알베르트 아인슈타인에게도 난독증 경향이 있었다는 것은 널리 알려진 사실이다.

우리가 지니고 있는 패턴 인식은 반복적인 일상생활에서 에너지를 줄여 효율성을 높이는 중요한 무기이지만, 한편으로는 '변화를 포착하거나 변화를 일으키는' 데는 발목을 잡는 역할을 한다.

평론의 신으로 불렸던 고바야시 히데오小林秀雄는 패턴 인식 능력이 어떤 식으로 '아름다움'이라는 감각의 환기를 방해하는지 반복적으로 지적했다.

예를 들어, 여러분이 들판을 걷다가 아름답게 핀 꽃 한 송이를 봤다고 하자. 자세히 보니 그것은 제비꽃이었다. "뭐야, 제비꽃이잖아"라고 생각한 순간 여러분은 꽃의 모양이나 색을 더 이상 보려 하지 않는다. 여러분은 마음속으로 말을 한 것이다. 제비꽃이라는 말이 여러분의 마음속에 들어오면 눈을 감아버린다. 마음을 비우고 사물을 바라본다는 행위는 그렇게 어려운 것이다. 제비꽃이라고 해석하는 행위는 꽃의 모양이나 색의 아름다운 느낌을 말로 치환해버리는 것이다. 언어가 방해하지 않는 꽃의 아름다운 느낌을 그대로 지속하면서 순수한 눈으로 바라본다면 꽃은 여러분이 일찍이 본 적이 없었던 다양한 아름다움을 끝없이 선사해줄 것이다.

《미를 추구하는 마음美を求める心》

고바야시 히데오는 제비꽃이라는 말이 마음에 들어오면 우리는 눈을 감는다고 표현했다. 말은 개념이며 패턴이다. 눈앞에 아름다운 꽃이 있다. 그리고 그 꽃과 똑같은 색깔, 똑같은 형태는 이 세상에 하나밖에 없다. 우리가 만나는 꽃은 그야말로 '평생에 단 한 번' 만나는 것이다. 하지만 그 아름다운 꽃을 보는 순간, 머리는 그것을 읽어버리고 뭉뚱그려 '제비꽃'이라는 추상 개념으로 인식하고 처리한다.

그 과정에서 '꽃의 모습이나 색의 아름다운 느낌'을 받아들이는 감성은 구동되지 않는다. 그렇기에 '언어가 방해하지 않는 꽃의 아름다운 느낌'을 그대로 지속하면서 순수한 마음으로 바라봐야 한다.

우리가 앞으로 직면하게 될 대부분의 상황은 과거의 문제해결에서 효과적이었던 수단이 반드시 통하지 않는 상황, 높은 패턴 인식 능력이 그대로 문제해결 능력으로 연결되지 않는, 오히려 상황을 오판하게 만드는 상황이다.

이런 상황에서 우선적으로 필요한 것은 무슨 일이 발생하고 있는 것인지 있는 그대로를 '보는' 능력이다.

철학이 우리에게 가르쳐주는 것들

엘리트의 견식을 양성하기 위한 교육책으로서 가장 보편적으로 쓰이는 것이 '철학 교육'이다. 앞서 말했지만, 17세기 이후 엘리트 양성을 담당해온 유럽 명문 학교들은 대부분 이과와 문과를 가리지 않고 철학을 필수 과목으로 넣었다.

현재도 경영진과 임원을 위한 교육 연구 기관으로서 명성이 높은 미국의 아스펜 연구소에서는 철학 강좌를 주요 프로그램 중 하나로 선정하고 있다. 전 세계에서 모여드는 글로벌 기업의 임원들이 풍광이 수려한 아스펜의 산기슭에서 플라톤과 아리스토텔레스, 마키아벨리, 토머스 홉스, 존 로크, 장 자크 루소, 칼 마르크스 등의 철학과 사회학 고전을 공부하고 있다.

이 책을 집필하기 위한 조사 과정에서 일본 기업과 해외 기업의 인재육성 담당자를 인터뷰했다. 그리고 그 둘이 생각하는 점에서 '다르다'고 느꼈던 것이 바로 '철학 교육'이었다.

오해를 무릅쓰고 말한다면, 해외 기업에서는 엘리트 양성을 할 때, 철학이 토대를 이루고 그 위에 공리적 테크닉을 갖추는 측면이 강했다. 그에 반해 일본 기업에서는 토대를 이루는 부분의 철학 교육이 완전히 빠져 있고, 오직 MBA에서 배우는 공리적 테크닉만을 교육한다는 인상이 강했다.

대부분의 사람들은 비즈니스 리더나 인재가 굳이 철학을 공부해야 하는 의미를 본능적으로 이해하기 어려울 것이다.

현대사회의 비즈니스 퍼슨은 동서고금의 철학자의 논고를 통해서 무엇을 배울 수 있을까? 우리가 '철학을 통해 얻을 수 있는 것'으로는 크게 세 가지가 있다.

'콘텐츠'에서의 배움

'프로세스'에서의 배움

'모드'에서의 배움

콘텐츠contents는 그 철학자가 주장한 '내용 그 자체'를 의미한다. 프로세스process는 그 콘텐츠를 낳게 된 '깨달음과 사고의 과정'이다. 마지막의 모드mode는 '철학자 자신의 세상과 사회에 맞서는 방법과 자세'다.

이 세 가지의 배움을 정리하지 않은 채 철학을 접한다면 시사점이나 깨달음을 얻기 어렵다. 고대 그리스 철학자의 논고 내용은 이미 자연과학의 검증에 의해 '오류'라는 사실이 판명된 것이 적지 않기 때문이다. 이것을 앞에서 소개한 배움의 종류에 적용한다면 '콘텐츠에서의 배움'과 관련이 있는 것으로, 이른바 콘텐츠로서는 전혀 쓸모가 없다는 뜻이다.

그렇다고 철학자의 고찰에서 아무것도 배울 것이 없다는 의

미는 아니다. '철학자가 왜 그런 식으로 생각한 것인지' '어떤 지적 태도로 세상과 사회와 맞서려 했는지' 등에 관해서는 아무리 실제 논고 내용(콘텐츠)이 오류로 판명되었다고 하더라도 우리가 배울 점은 얼마든지 있다.

◉   아낙시만드로스에게 배울 점

소크라테스가 등장하기 전의 고대 그리스시대 기원전 6세기경, 아낙시만드로스\naximandros(고대 그리스 밀레토스 학파의 철학자로 친구의를 만듦)라는 철학자가 있었다. 그는 어느 날, 우연한 계기로 당시 지배적이었던 "대지는 물에 의해 지탱되고 있다"는 정설에 의문을 품는다. 그가 의문을 품은 이유는 매우 단순해서 "만약 대지가 물에 의해 지탱되고 있다면 그 물은 무엇인가에 의해 지탱되어야 할 필요가 있다"는 것이었다. 당연한 말이다.

아낙시만드로스는 고찰을 계속한다. 그리고 "만약 물을 지탱하고 있는 '무엇인가'가 있다고 하더라도 그 '무엇인가'도 역시 다른 무엇인가에 지탱되어야 할 필요가 있다. 이렇게 생각하면 무한대로 후퇴할 수밖에 없는데, 무한대는 있을 수 없으므로 최종적으로 지구는 그 어떤 것으로도 지탱되는 것이 아니라는, 즉 허공에 떠 있는 것이라는 결론이 나온다"라는, 당시 사람들을 깜짝 놀라게 하는 가설을 내놓는다.

아낙시만드로스가 최종적으로 내놓은 가설, 즉 "대지는 그 어떤 것으로도 지탱되는 것이 아니다"라는 결론은 지구가 우주 공간에 떠 있다는 사실을 알고 있는 현재의 우리들이 볼 때는 당연한 일이다.

그러나 아낙시만드로스가 제시한 지적 태도와 사고 프로세스는 현재의 우리들에게 커다란 참고가 된다. 당시 지배적이었던 "대지는 물에 의해 지탱되고 있다"는 정설을 그대로 받아들이지 않고, "대지가 물에 의해 지탱되고 있다면 그 물은 무엇에 의해 지탱되고 있는 것일까?" 하는 논점을 세우고 끈질기게 사고를 진행해가는 방식 말이다.

정리를 하면, 아낙시만드로스의 철학은 '콘텐츠에서의 배움'이라는 점에서는 전혀 쓸모가 없지만, '프로세스에서의 배움'이나 '모드에서의 배움'에 있어서는 우리에게 커다란 시사와 자극을 준다. 그리고 현대사회를 살아가는 우리에게 그 지점은 매우 중요하다.

유명한 철학자의 저서라는 이유로 집어 들었다기 '콘텐츠'가 이미 오류리는 판녕이 내려졌다는 이유에서 "이런 걸 뭐하러 공부해?"라는 생각에 즉시 놓아버린다면 정말 중요한 부분을 무시하는 것이다.

경제학자이자 게이오기주쿠대학교의 학장이었던 고이즈미 신조小泉信三는 엘리트는 '즉각적으로 도움이 되는 지식'만을 추구하는 경향이 있다는 점을 지적하면서 "즉각적으로 도움이 되는 지식은 얼마 지나지 않아 도움이 되지 않는다"라며 기초 교양의 중요성을 호소했다. 철학 교육에 대해서도 같은 말을 하고 싶다.

의심하라, 비판하라,
혁신하라

바쁜 엘리트들이 유명 철학자의 책을 한 장씩 읽고 고민하는 일은 비용 대비 효과가 매우 낮은 행위로 비춰질 수 있다. 하지만 그렇다고 해서 '요점'만을 개략적으로 정리한 책을 읽는다면 기껏해야 허세를 위한 교양밖에 갖출 수 없다. 정말 중요한 것은, 철학자가 살았던 시대에 지배적이었던 사고방식에 대해 그가 어떤 '의심의 눈'으로 생각했는가 하는 점이기 때문이다.

그 시대에 지배적이었던 견해나 사고방식에 대해 비판적으로 바라보는 태도, 오해를 무릅쓰고 말한다면 이는 '로큰롤rock'n'roll'이라고 단언할 수 있다. '철학'과 '록'이라고 하면 대치되어 보이지만 '지적 반역知的反逆'이라는 점에서 둘은 기저에 똑같은 마그마를 품고 있다.

나는 근대사상이 급속도로 영향력을 잃은 시대와 록으로 대표되는 팝뮤직이 급속도로 힘을 얻은 시대가 거의 비슷하다는 점에서 무엇인가 필연적이라는 느낌이 들지만, 이 부분에 관해서는 다음 기회에 다루기로 한다.

이야기를 되돌리자.

과거 철학의 역사를 한마디로 표현하면 그것은 '의심의 역사'였다. 그때까지 정설로 여겨졌던 아이디어나 시스템에 대해 '정말 그럴까?' 하고 생각해보는 것이다. 모든 철학은 이런 '의심'을 기점으로 출발한다.

그리고 '의심하는 태도'는 그대로 '시스템을 비판 없이 수용한다'는 한나 아렌트의 '악의 정의'와 대비된다.

반복하자면, 아렌트는 아이히만 재판을 방청하고 '악이란 시스템을 비판 없이 받아들이는 것'이라고 지적했다. 한편, 철학의 역사는 '시스템에 대한 의심'을 기점으로 삼고 있다. 이를 통해 우리가 깨닫는 바는 하나다. 우리는 철학을 배움으로써 악(시스템을 비판 없이 받아들이는 것)에 인생이 휩쓸리지 않도록 막아야 한다.

지금 우리가 살고 있는 세상의 시스템이 지속적인 발전을 이루는 단계에 놓인 이상, 세상의 시스템을 구성하는 모든 서브 시스템 역시 지속적인 발전을 이루는 단계로 접어들 수밖에 없다.

따라서 우리는 그 시스템에 의심의 눈을 향하고 보다 바람직한 세상과 사회를 실현시키기 위해 무엇을 바꿔야 할 것인지를 생각해야 한다. 하지만 여기서 엘리트의 딜레마가 발생한다. 엘리트는 자신이 소속된 시스템에서 최적화된 방식으로 다양한 편익을 얻고 있으며, 그 시스템을 바꾸면 얻을 것이 없어지기 때문이다.

시스템에 최적화된 방식 자체는 비판받을 일이 아니다. 과거는 물론이고 현대에도 그 시스템의 외부에서 시스템을 지속적으로 비판하는 사람은 많았다. 그러나 그런 사람들이 실제로 시스템을 바꿀 수 있을 정도의 권력이나 영향력을 갖고 있는가 하면 유감스럽게도 대부분의 경우 그렇지 않았다.

일찍이 수만 명이나 되는 사람들이 '세상을 바꾸겠다'고 외치며 시스템 외부에서 이것을 바꾸는 활동에 몸을 던졌다. 그러나 결과는 어떤가? 제로, 아무것도 바뀌지 않았다. 이런 행위에 몸을 던진 사람들 대부분은 이윽고 자신들의 활동이 허무한 행위라는 사실을 깨닫고 결국 넥타이를 매고 취업 면접을 보러 다니며 이른바 '시스템의 내부'로 들어가 버렸다.

시스템의 내부에서 그 시스템에 최적화되어가면서, 시스템 자체에 대한 의심의 눈길은 잃지 않는 것.

그리고 시스템에 대해 발언할 수 있는 능력이나 영향력을 발휘할 만큼의 큰 힘을 획득하기 위해 열심히 움직이면서, 이상적인 사회를 실현하기 위해 시스템의 개혁을 시도하는 것.

이것이 현재 비즈니스 퍼슨에게 요구되는 전략이다. 그리고 이 전략을 실행하려면 '시스템을 비판적으로 바라보는 기술'로서 철학을 빼놓을 수 없다.

우리는 모두 시궁창을 기어가고 있다.

그곳에는 별을 올려다보는 사람도 있다.

오스카 와일드

뛰어난 인재들이 왜 문학을
읽지 않을까?

내부의 진·선·미를 생각할 때 가장 효과적인 연습은 '문학을 읽는' 행위다. 소설가 미야우치는 지하철 사린가스 사건 이후 '그렇게 높은 학력을 갖춘 사람들이 왜 어리석게도 사악한 행위에 인생을 바쳤을까?' 하는 의문을 해소하기 위해 옴진리교의 간부를 인터뷰했다. 그리고 그들이 한결같이 문학과 친숙하지 않다는 사실을 깨달았다고 저서에 기록했다.

나 역시, 전략컨설팅 업계의 선후배 대부분이 그 높은 학력과 어울리지 않을 정도로 문학을 읽지 않는다는 사실을 알고 이해할 수 없었다. '점수는 높지만 미의식은 형편없는' 사람들에게 공통되는 것이 '문학을 읽지 않는다'는 점이라는 사실은 무시할 수 없는 무엇인가를 시사해주는 듯하다.

고대 그리스시대 이후 '인간에게 무엇이 진·선·미인가'라는 질문을 순수하게 추구한 것은 종교와 근세까지의 철학이었다. 그리고 문학은 같은 질문을 이야기라는 체제를 통해 고찰해왔다.

도스토옙스키 Fyodor M. Dostoevskii의 소설 《죄와 벌》에는 두뇌는 명석하지만 경제적으로 불우한 청년 라스콜니코프가 등장한다. 그는 욕심 많고 교활한 고리대금업자 노파를 살해하고 돈을 빼앗는다. 라스콜니코프는 "두뇌가 명석한 내가 경제적 곤궁 때문에 공부를 할 수 없다는 것은 사회에 도움이 되지 않는다. 따라서 이 범죄는 정당하다"고 자신의 범죄를 합리화한다. 하지만 결국 죄의식에 사로잡혀 고뇌에 빠진다. 그러던 중에 비참한 생활을 하면서도 가족을 위해 열심히 노력하는 창녀 소냐를 만나고 그녀의 삶에 충격을 받아 경찰에 자수를 한다.

줄거리를 보면 알 수 있지만 이 소설에는 다양한 형태의 '죄'가 등장한다. 라스콜니코프가 저지른 살인은 말할 것도 없고, 고리대금업이라는 직업도, 창녀라는 직업도, 성경에서는 '더러운 직업'으로 기피해야 할 대상이다.

라스콜니코프는 자신의 살인을 합리화할 수 있는 이유를 생각하고 이것을 정당화하려 하지만, 결국 죄의식에 사로잡혀 고뇌한다. 한편 소냐는 가족을 굶주림에서 구하기 위해 스스로 매춘부가 되는데, 라스콜니코프처럼 합리화하지 않고 자신을 '죄 많은 여자'라고 인식한다. 소냐는 '고민하는 근대인의 대표'라고 할 수 있는 라스콜니코프의 고뇌를 해결해주는 성모 역할을 담당하는데, 그렇다면 '이 이야기에서 진정한 죄인은 누구인가' 하는 의문이 떠오른다.

물론 해답은 없다.

단지 자기 나름대로의 진·선·미에 비춰 누구의 삶과 사고방식에 공명할 수 있는지를 생각하는 것이다. 그 과정을 거치면서 자신만의 안테나 감도를 예민하게 연마해야 한다.

시를 잊은
그대에게

대부분의 비즈니스 퍼슨에게 '시'는 예술 이상으로 인연이 먼 존재가 아닐까?

나 자신도 그렇게 생각했기에 이 책을 쓰는 과정에서 조사를 하면서 복수 이상의 기업이 시를 이용한 훈련을 한다는 사실을 알고 적잖이 놀랐다. 하지만 그 대답을 듣고 이해할 수 있었다.

리더십과 시에는 매우 강력한 결절점結節點(매듭을 뜻함. 이 매듭을 파악함으로써 현상에 관한 인식을 얻을 수 있음)이 있다. 양쪽 모두 '레토릭rhetoric(수사법)이 생명'이라는 점이다. 레토릭은 쉽게 말하면 '문장이나 연설 등에 풍부한 표현을 주기 위한 일련의 기법'이다.

고대 그리스시대의 철학자 플라톤은 '리더십에서의 언어'에 대해 그 중요성을 역사상 처음으로 주목한 사람이었다. 그의 저서《파이드로스》에는 리더십에서의 '언어의 힘'에 관한 철저한 고찰이 실려 있다. 파이드로스는 소크라테스의 제자 이름이다. 플라톤은 저서에서 자신의 스승이었던 소크라테스와 그 제자인 파이드로스의 논의라는 형식으로 리더에게 요구되는 '언어의 힘'이란 어떤 것인지를 서술한다.

이 논의에서 레토릭에 대치되는 것이 다이얼로그dialogue, 즉 대화다. 매우 흥미 깊은 점은, 이 책에서는 리더에게는 레토릭이 필요하다고 주장하는 제자 파이드로스에 대해 소크라테스가 이것을 비판, 진실에 이르는 실은 다이얼로그밖에 없다고 설득하는 구성으로 되어 있다는 점이다.

소크라테스는 왜 이런 말을 했을까?

그에 따르면 레토릭은 일종의 '속임수'라는 것이다. 화려한 화술을 구사해 사람을 열광시키는 기술은 사람의 마음을 흐트러뜨린다. 소크라테스의 이 지적은 히틀러의 마술 같은 연설을 알고 있는 우리에게는 매우 설득력 있게 들린다. 그렇기에 소크라테스는 "레토릭 따위에 의지해서는 안 되며, 레토릭은 위험하고, 그런 것에는 진실에 이르는 길이 없다"고 말한다. 한편 파이드로스는 본인이 언변이 뛰어난 철학자와 정치가를 동경하고 있었기에 "역시 레토릭은 중요하다"고 반론한다.

이 논의는 결국 파이드로스가 물러나는 형식으로 끝나지만, 중요한 것은 플라톤도 레토릭이 지닌 '사람의 마음을 뒤흔들고 열광시키는' 힘을 인정하고 있다는 점이다. 그리고 리더에게는 자신이 이끄는 사람들의 마음을 뒤흔들고 열광시키는 힘이 있어야 한다고 봤다. 옳고 그름을 떠나서 레토릭은 그런 효과가 있다.

그렇다면 시를 통해서 어떻게 레토릭을 배울 수 있을까?

그것은 '메타포metaphor(비유)를 늘리는' 것이다. 우수한 시는 '메타포의 힘'를 이용해 언어 이상의 이미지를 독자에게 전한다. 예를 들어, 내가 좋아하는 시의 하나로 다니카와 슌타로谷川俊太郎(일본 현대시를 대표하는 시인)의 〈아침의 릴레이朝のリレー〉라는 시가 있다.

캄차카의 청년이

기린의 꿈을 꾸고 있을 때

멕시코의 소녀는

아침 안개 속에서 버스를 기다리고 있다

뉴욕의 소녀가

미소 지으며 잠결에 몸을 뒤척일 때

로마의 소년은

기둥머리를 물들이는 아침 햇살에 윙크한다

이 지구에서는

늘 어디선가 아침이 시작된다

우리들은 아침을 릴레이한다

경도에서 경도로

그렇게 이른바 교대를 하면서 지구를 지킨다

잠들기 전 잠깐 귀를 기울여보면

어딘가 저 멀리서 자명종 벨소리가 울린다

그것은 당신이 보낸 아침을

누군가가 잘 받았다는 증거다

이 시를 읽으면 아무 일도 없는 일상생활 속에 매몰되어 있는 자신이 무엇인가 중요한 역할을 서로 분담하고 있는 듯한, 상쾌한 이미지가 떠오른다.

그 이미지는 릴레이라는 경기, 즉 '믿을 수 있는 멤버와 팀을 이루어 각자가 전력을 다해서 달린 뒤에 동료에게 배턴을 넘기는' 경기의 이미지를 통해서 환기된다.

'메타포의 힘'은 우수한 리더들의 명언에서도 엿볼 수 있다.

2017년 2월 미국에서 큰 문제가 된 트럼프Donald J. Trump 대통령의 이민 정책에 대해 애플의 CEO 팀 쿡Timothy D. Cook 은 마틴 루터 킹Martin Luther King 목사의 "우리는 다른 배를 타고 왔다. 그러나 지금은 같은 배를 타고 있다"는 말을 인용해 이 정책을 지지하지 않는다고 밝혔다.

마찬가지로, 유럽이 동서로 분열되는 모습을 '철의 장막'이라고 표현한 윈스턴 처칠, 닛산 재건 계획을 '르네상스'라 이름 붙인 카를로스 곤Carlos Ghosn(닛산과 르노의 CEO), 눈빛을 '1만 볼트'라 표현한 호리우치 다카오堀內孝雄(일본 포크 그룹 앨리스의 멤버) 등 사람의 마음을 움직이는 표현에는 늘 우수한 메타포가 내재되어 있다.

"메타포가 시에도 리더십에도 레토릭이라는 점에서 중요하다는 점은 이해했다. 그러나 그것은 어디까지나 문장 표현에서의 테크닉에 지나지 않으며, 그렇다면 대필 작가 등의 전문가에게 부탁하면 될 일이지 바쁜 비즈니스 퍼슨에게 시를 읽으라는 것은 난센스가 아닌가?"

어쩌면 이런 비판이 있을지도 모른다.

물론, 레토릭의 센스가 연설 등의 공식 커뮤니케이션 장소에서만 발동되는 것이라면 전문 카피라이터를 연설문 작성자로 고용하면 된다. 하지만 레토릭 능력은 그렇게 좁은 범위에서만 발동되는 것이 아니다. 그것은 우리의 지적 활동의 품질을 좌우하는 매우 중요한 요소다.

UC버클리의 언어학 교수 조지 레이코프George Lakoff는 지금까지 표현 기법 문제에 지나지 않는다는 이유로 언어학에서 등한시되었던 메타포가 우리의 지적 능력의 중추를 담당하고 있다고 주장했다.

사람들 대부분은 메타포 따위는 없어도 일상생활에 아무런 지장이 없다고 생각한다. 하지만 필자의 입장에서 말한다면 인어활동뿐만 아니라 사고나 행동에 이르기까지 일상의 모든 장면에 메타포는 침투해 있다. 우리가 평소에 어떤 문제를 생각하거나 행동할 때 근거로 삼는 개념 체계의 본질은 근본적으로 메타포에 의해 성립된다.

《삶으로서의 은유》

확실히 우리는 어떤 복잡한 상황을 이해할 때 자주 메타포를 이용한다. 기업 임원들 사이의 역학 관계를 표현할 때 "그는 리어왕이야"라고 말하면 복잡한 상황 설명이 없더라도 충분히 알아들을 수 있다. 또한 개인의 강점이나 약점을 분석해 "엔진은 강력하지만 브레이크가 고장 났어"라고 표현하면 그것만으로 뜻이 통한다.

정보처리는 일반적으로 '입력 → 출력'이라는 흐름을 취하지만, 그 모든 단계에서 메타포를 효과적으로 활용하면 지적 생산을 효과적으로 실행할 수 있다는 것이 레이코프의 지적이다.

우수한 리더가 우수한 메타포를 이용해서 최소한의 정보로 풍부한 커뮤니케이션을 실행한다는 사실은 이 책을 읽는 독자들도 직감적으로 이해하고 있을 것이다. 앞에서 소개한 다니카와 순타로의 시에서 '릴레이'를 메타포로 쓰지 않았다면 지금의 시와 같은 이미지를 환기시킬 수 있었을까?

리더가 하는 일이 사람들에게 동기를 부여하고 하나의 방향으로 나아갈 수 있도록 결속시키는 것이라면, 결국 리더가 할 수 있는 일은 철두철미하게 '커뮤니케이션'을 주고받는 것이라고 말할 수 있다.

그렇다면 적은 정보를 이용해서 풍부한 이미지를 전달하기 위한 레토릭의 근간을 이루는 '메타포 기술'을 배우는 것은 매우 효과적인 훈련이 된다. 더욱이 '우수한 메타포'의 보물 창고인 '시'를 공부하는 것은 최고의 리더십 트레이닝이 되어줄 것이다.

80대의 억만장자이자 소형 음향기기 회사의 CEO인 하먼Harman은 MBA 취득자를 고용하는 데 전혀 가치를 느끼지 않는다고 말한다. 대신 그는 이렇게 말한다.

"시인을 매니저로 삼아야 한다. 시인은 독창적인 시스템 사고를 할 수 있는 사람이기 때문이다. 그들은 자기들이 살고 있는 세상을 관찰하고, 그 의미를 간파하는 의무를 느끼는 사람들이다. 그렇기에 세상의 움직임을 독자들이 이해할 수 있는 언어로 표현할 수 있다. 기발한 시스템 사고를 할 수 있는 시인이야말로 진정한 디지털 사고를 할 수 있는 인재다. 나는 그들 중에서 내일의 새로운 비즈니스 리더가 나타날 것이라고 믿는다."

다니엘 핑크 《새로운 미래가 온다》

신의 손에서
인간의 손으로

일찍이 칼 마르크스는 인간 자신이 낳은 사회 시스템에 의해 인간성(휴머니즘)을 잃는 사태를 '소외(疎外)'라는 개념을 써서 설명했다. 그리고 지금 마르크스가 예언한 대로 전 세계에서 소외가 일어나고 있다.

구체적인 예를 들지 않아도 충분히 이미지를 그릴 수 있을 것이다. 예를 들면 회사가 그렇다. 회사는 인간이 만든 것이다. 그 주변의 초목과 마찬가지로 방치해두면 자연스럽게 자라나듯 탄생하는 회사는 하나도 없다. 모든 회사는 누군가가 어떤 목적을 갖고 만들어낸 것이다.

그런데 이 회사에 소속된 사람들은 그곳에서 삶의 보람을 발견하지 못하는, 무엇 때문에 일을 하는 것인지 알 수 없는 상황에 빠져 있다. 더군다나 회사에 의해 생명을 빼앗기는 사람도 적지 않다. 이것은 인간이 만든 시스템에 의해 인간성이 파괴되는 현상이며, 소외를 이해할 수 있는 알기 쉬운 예다.

막스 베버Max Weber는 이런 사회에서 그 사회의 모습을 문제 삼지 않고, 오히려 그것에 최적화되는 방식으로 시스템에서 많은 이익을 올리려는 사람들이 다수 나타날 것이라고 예언했다. 베버는 그의 저서《프로테스탄티즘의 윤리와 자본주의 정신》에서 앞으로 나타나게 될 '시스템에 최적화된 사람들'에 대해 다음과 같이 적었다.

정신이 없는 전문인專門人, 마음이 없는 향락인享樂人. 이들 니히츠nichts는 인간성이 일찍이 도달한 적이 없는 단계까지 올랐다며 자아도취에 빠질 것이다.

베버가 지적한 니히츠, 즉 무無의 존재는 현대사회에서 엘리트라 불리는 이들이다. 그들은 매일 저녁 고급 레스토랑에서 샴페인을 마신다. 아름다운 애인을 고급 맨션에 숨겨놓고 정체가 심한 도시에서 페라리의 폭음을 울리며 자동차를 몬다. 프랑스의 고급 리조트에서 바캉스를 즐기며 베버가 지적한 대로 '인간성의 정점'에 있는 자신의 모습에 도취된다.

시스템을 바꿀 수 있는 존재는 시스템 내부에서 영향력이 있고 발언력이 큰 이들이다. 하지만 그들 자신이 왜곡된 시스템에서 거대한 편익을 누리고 있기 때문에 굳이 보상도 없는 시스템 교정에 도전하지 않는다.

시스템에 참가한 플레이어들이 각자의 이익을 최대화하기 위해 행동하면 전체의 이익은 축소될 수밖에 없고, 결국 게임이론에서 말하는 내시균형Nash equilibrium (상대의 전략을 예상할 수 있을 때, 자신의 이익을 최대화하는 전략을 선택해 형성된 균형 상태) 상태가 된다. 이것이 현재 세계가 끌어안고 있는 문제들이 좀처럼 해결되지 않는 본질적인 이유다.

이런 지적을 하면 현대사회가 역사상 처음으로 이런 어려운 문제를 끌어안고 있는 것처럼 보이겠지만, 역사를 돌이켜보면 과거에도 이런 상황이 발생한 적이 있었다.

역사에 이름을 남긴 철학자를 고대 그리스시대의 소크라테스부터 현대의 질 들뢰즈Gilles Deleuze 또는 장 프랑수아 리오타르Jean François Lyotard까지 시대 순으로 늘어놓고 보면 재미있는 사실을 발견할 수 있다. 서기 5세기의 아우구스티누스Aurelius Augustinus와 보에티우스Anicius Manlius Severinus Boethius를 마지막으로 13세기의 로저 베이컨Roger Bacon과 토마스 아퀴나스Thomas Aquinas가 등장하기까지 약 800년 동안, 이런 철학자들이 존재하지 않았던 '공백기'가 있었다.

이것은 철학자뿐만 아니라 자연과학이나 문학에서노 동일하게 찾아볼 수 있는 현상이다. 이 시기에 유럽은 장기적으로 문화적 정체, 아니 오히려 '문화적 퇴행'이라고 할 수 있는 상태에 빠져 있었다.

당시 유럽에서는 인문과학과 자연과학 분야에서 거대한 업적을 남긴 아리스토텔레스의 식견이나 저서는 거의 소실되어 일부만이 남아 있을 뿐이었다. 13세기가 되어서야 비로소 이슬람 세계로부터 역수입되는 형식으로 부활하게 되었다.

우리는 역사적인 시간의 흐름을 불가역적인 '발전·진화의 흐름'으로 포착하려는 경향이 있다. 헤겔 Georg W. F. Hegel 과 마르크스는 그런 역사관의 대표적인 논객으로, 20세기 후반의 순진한 인텔리들은 그들의 '이야기'에 덜컥 걸려들었지만, 이런 역사관은 사실과 다르다.

중세 유럽의 문화적 역행에서 볼 수 있듯이, 역사는 몇 세기 단위로 역행하는 경우가 있다. 그리고 우리가 살고 있는 21세기도 일찍이 발생했던 '문화적 퇴행의 시대'에 포함될 가능성이 있다.

이야기를 되돌리면, 몇 세기에 걸쳐 이어진 이 장기적인 정체에 종지부를 찍은 것이 우리가 잘 알고 있는 이탈리아에서 시작된 르네상스였다.

14세기 이탈리아에서 시작된 르네상스는 그때까지 수백 년에 걸쳐 모든 면에서 유럽인의 생활을 지배한 크리스트교 시스템에서 벗어나 개인이 자유롭게 표현하고 사고할 것을 장려했다. 르네상스는 흔히 인문 부흥人文復興으로 번역되는데, 요컨대 인간성의 회복이 일어난 것이다.

이 책에서 지금까지 줄곧 고찰해온 틀을 적용해 설명하면, 그때까지 신에게 맡겨졌던 진·선·미의 판단을 인간이 담당하게 된 것이다. 이 거대한 전환이 진·선·미 각각에 대응하는 형식으로 과학·철학·예술의 커다란 발전과 연결되었다.

나는 21세기라는 시대가 '새로운 르네상스'가 되기를 바란다. 앞으로 1,000년 후, 31세기의 역사 수업에서 21세기라는 시대가 '문화적 정체의 암흑시대'로 다루어지는가, 또는 '2세기에 걸친 문화 정체를 끝낸 두 번째 르네상스'로 다루어지는가는 오직 우리의 선택에 달려 있다.

16세기 지중해의 역사를 생생하게 재구성했다는 평을 받는 역사학자 페르낭 브로델Fernad Braudel은 역사에 대해 이렇게 말했다.

어느 날 신이 찾아와 종을 요란하게 울리면서 "오늘부터 새로운 시대가 시작된다"고 외치는 식으로 전환되는 것이 아니다.

왠지 모르게 '이대로는 뭔가 이상하다'고 느끼고 행동하는 사람이 조금씩 증가하면서 역사는 전환된다.

그리고 지금, 14세기 이탈리아에서 발생한 것과 비슷한 수면 아래에서의 전환이 이미 일어나고 있다고 나는 생각한다. 그것은 "물질주의와 경제지상주의에 의한 소외가 이어진 암흑의 19세기와 20세기가 끝나고 새로운 인간성을 회복하는 시대가 찾아왔다"고 표현할 수 있는 전환이다.

이 징조는 현재 수많은 영역에서 다양한 형태로 분출되고 있는데, 그 점에 관한 상세한 내용은 이 책의 취지에서 벗어나기에 다루지는 않겠다.

다만 한 가지 지적을 한다면, 그 징조 중의 하나가 '대부분의 조직이나 개인이 도전하고 있는 미의식의 복권과 관련이 있지 않은가' 하는 것이 나의 결론이다. 그리고 가장 이해하기 쉬운 징조가 '시스템으로부터 거대한 이익을 얻고 있는 엘리트가 시스템 자체의 개혁을 지향하고 미의식을 단련하고 있다'는 현상이다.

독자 여러분에게 이 책이 세상에서 통설로 여겨지고 있는 '생산성' '효율성'이라는 외부의 기준이 아니라, '미의식'이라는 내부의 기준에 비춰 스스로의 모습을 되돌아보는 계기가 되기를 바란다. 그것이야말로 저자로서 더할 나위 없는 행복일 것이다.

2018년 5월, 자신만의 직감과 미의식을 얻길 빌며
야마구치 슈

옮긴이 **이정환**

경희대학교 경영학과와 인터컬트 일본어학교를 졸업했다. 리아트 통역 과장을 거쳐, 현재 일본어 전문 번역가 및 동양철학, 종교학 연구가, 역학 칼럼니스트로 활동 중이다. 옮긴 책으로 《2억 빚을 진 내게 우주님이 가르쳐준 운이 풀리는 말버릇》《지적자본론》《신경 쓰지 않는 연습》《오늘도 불편한 사람과 일해야 하는 당신을 위한 책》《나는 내가 아픈 줄도 모르고》《세상을 바꿀 테크놀로지 100》 등이 있다.

세 계 의 리 더 들 은
왜 ――――――――
직감을 단련하는가

펴낸날 초판 1쇄 2018년 5월 1일 | 초판 5쇄 2022년 10월 25일

지은이 야마구치 슈
옮긴이 이정환

펴낸이 임호준
출판 팀장 정영주
편집 김은정 조유진 이상미
디자인 유채민 | **마케팅** 길보민
경영지원 나은혜 박석호 | **IT 운영팀** 표형원 이용직 김준홍 권지선

인쇄 (주)상식문화

펴낸곳 북클라우드 | **발행처** (주)헬스조선 | **출판등록** 제2-4324호 2006년 1월 12일
주소 서울특별시 중구 세종대로 21길 30 | **전화** (02) 724-7664 | **팩스** (02) 722-9339
포스트 post.naver.com/bookcloud_official | **블로그** blog.naver.com/bookcloud_official

ISBN 979-11-5846-233-8 03320

비타북스는 독자 여러분의 책에 대한 아이디어와 원고 투고를 기다리고 있습니다.
책 출간을 원하시는 분은 이메일 vbook@chosun.com으로 간단한 개요와 취지, 연락처 등을 보내주세요.

북클라우드 는 건강한 몸과 아름다운 삶을 생각하는 (주)헬스조선의 출판 브랜드입니다.